客家物語：書房師與童養媳

The Hakka Storys About Teacher and Child bride

此書獻給故鄉的父老鄉親

感謝臺灣桃園市立圖書館補助出版

關於客家女兒 - 吳嘉陵

　　臺灣桃園地區客家人（四縣腔），2011 年通過客家委員會客語能力認證合格，中國文化大學史學研究所文學博士，同校藝術研究所藝術學碩士暨美術系西畫組學士，目前是創意與設計學院教授，並在 2013-至今在臺灣客家地區擔任數個公共藝術執行／審議小組委員，並為故鄉桃園策展客家「屋下ㄟ花」等。出版相關書籍，如下：

（1）客家物語：書房師與童養媳，臺中：樹人出版，2022。
（2）屋下ㄟ花吳嘉陵圖文繪本，桃園：華夏書坊，2021。
（3）紙的文化產業，高雄：麗文文化，2014。
（4）流動的視覺記憶，臺北：秀威科技，2010。
（5）傳統藝術的新視野，臺北：秀威科技，2009。
（6）時代的典範：客家私塾師，臺北：秀威科技，2008。

　　以上為作者代表性的客家研究，在《傳統藝術的新視野》一書中奠下了傳統藝術的美學基石，在臺灣《紙的文化產業》裡延續博士論文的文化架構透過文人與工匠兩個社會階層，討論書畫家用紙與匠人的關係，並以跨區域分析研究臺灣三個區域案例，客家庄紙寮窩的造紙產業為臺灣單姓客家聚落，於此客家文化符號與象徵裡，將延續文化分層的理論，提出文化輻射觀點。2021 年新竹清華大學竹塹學國際學術研討會邀請發表〈新竹芎林客家紙寮窩造紙產業研究〉。

　　高雄中山大學的文化、社會與地方創生國際學術研討會發表〈找尋北臺灣地區客家文化的 DNA〉，以及福建三明學院客家青年論壇發表〈21 世紀臺灣客家文創課程〉。連續兩年獲臺灣桃園市立圖書館補助出版優良刊物。2021 年於桃園紅土空間舉辦「屋下的花」插圖展，2019 年於新北市華梵文物館展出「窗眼，有自然生態·有人間故事」個展，暨中國上海第 8 屆城市藝術博覽會展出，2018 實驗展出「聲色計畫-視覺藝術／音樂會跨域合作」於臺北梁實秋故居，發表吳嘉陵「記憶迴遊」創作記錄片，2018 於南投文化局「他鄉是故鄉」多媒材個展，同時在新北市客家文化園區「記憶迴遊-客庄植物與圖騰」個展，2017 臺北松菸文創園區開放空間文化基金會「屋下个花」個展。2016 策展／新北市石碇老街石頭屋百年首展。策劃新北市華梵大學環設系「花海與花窗」展，2015 策劃臺北華山藝文特區回收旗幟展，統籌客家庄義民祭空拍記錄片，2013 策劃執行新北市鶯歌國中司令臺美化工程，同年策劃

執行新北市大崙山環境藝術節裝置藝術展，動員 200 位大學生參與。主持 2013 華梵大學民先館二樓對座石椅馬賽克美化「自然的精靈」暨大崙山縮時攝影 5000 小時。舉辦華梵大學樂高修補拼圖美化校園活動，在臺北光點主持環境設計系展，2012 策展跨校跨系「石碇一夜」光影展。1999 獲臺灣國家文化藝術基金會「楊梅客家人事物特展」隔年通過同基金會補助《客家私塾教師林漢唐研究》，通過臺灣客家委員會補助《客家女性生命書寫》，暨「影像記錄義民祭」、「油傘大小花」獲臺灣客家委員會蒲公英志工計畫入選及佳作，「客家文創-油桐花與花布」課程獲臺灣新北市客家事務局補助，2020 於日本大阪 International Conference on Education and Global Studies 發表東亞馬約利卡磁磚（Majolica Tile）圖案與符號之研究。2012 客家文創之美課程獲數位臺灣客家庄第 4 屆客家文化教案製作佳作，同年傳統藝術與文創產業課程獲國際工業遺產委員會 2012 認識產業文化資產教案徵選學校教育組佳作，2007 獲桃園縣文化局全民寫傳記優選獎，2000 獲臺北市文化局公共藝術評論獎優選，臺北帝門藝術基金會藝術評論佳作及 1999 年李仲生基金會藝術評論獎佳作。

目錄

關於客家女兒－吳嘉陵   3

自序   7

一、不能重來的人生路   11

二、農事、家事、天候事   25

三、客家節慶當鬧熱   43

四、她們是轉不停的陀螺   53

五、族譜上的傳人   61

六、書房師與童養媳   77

七、客家書房師林漢唐的研究報告   83

   （一）、漢唐公的求學與書房的成立   85

   （二）、日治時期林漢唐書房教育的變革   91

   （三）、戰後的梅溪學堂時期   96

   （四）、林漢唐書房教育的紀錄   100

   （五）、林漢唐書房教育的概說   106

附錄一、林桂英追憶祖父林漢唐   110

附錄二、林彥芬頭重溪老屋記事   111

後記－鄉關何處   114

自序

吳嘉陵

人與土地的關係極爲密切，栽種著蔬食，豢養著家禽／家畜，四季皆在土地上耕作，形成了自然規律與倫理。

土地是遠方遊子的鄉愁，地方語言的搖籃，落葉歸根的認同地。農村的勞動總是吸引著現代人傾心於慢活的生活步調，日出而作、日落而息的自然規律，文明的進程追趕著現代生活的節奏，導致人類順應著工商時間，不由得加快自己的進程，傾心於鄉間悠閒的情懷、羨慕手作的達人，自己卻很難停下生活的腳步。

然，此書便是凸顯出人與土地的耕植關係，這過程歷經了四季的更迭，人類勞動生產，產生了與土地共生的情感，如同臺灣作家高信疆形容阮義忠的攝影爲何如此動人。「構圖框架在農作的勞動現場，焦距是平民的質樸與高貴，工作的酸楚，收成的歡笑，死亡的慰安，新生的喜悅，譜成了一個充滿啓示永恆的輪迴」，也如作家朱自清評論豐子愷的作品，他說這作品裡的畫，十之八九他是見過的，畫的是尋常事物、尋常人，「一幅幅的漫畫，就如一首首的小詩－帶核兒的小詩，你將詩的世界東一鱗、西一爪地揭露出來，我們就像吃橄欖似的，老覺得那味[1]」，人類在大同小異的文化／風俗之間找到相類的生活方式與價值觀。阮義忠用攝影，筆者與豐子愷相同的是：用繪畫與文字互爲表裡。

借用朱自清寫《俞平伯詩集》〈憶〉的跋。

「憶的路，是愈過愈廣闊的，是愈過愈平坦的，曲曲折折的路旁，隱現著幾多的驛站，是行客們休止的地方。最後的驛站，在白板上寫著朱紅的大字：兒時。這便是『憶的路』的起點。」

兒時裡滿布著黃昏與夜的顏色。夏夜是銀白色的，帶著梔子花兒的香，秋夜是鐵灰色的，有青色的油盞火的微芒，春夜最熱鬧的上燈節，有各色燈的輝煌，小燭的搖盪，冬夜是除夕，紅的、綠的、淡黃的顏色，便是年的衣裳。

記憶是層薄影，歷歷可畫，這影「以實道實，確切可靠的。」可以用心眼看見，也可以用肉眼看見。[2]

---

[1] 朱自清，子愷漫畫代序，《朱自清散文》北京：三辰影庫音像出版，頁 135-136。
[2] 朱自清，〈憶〉跋，《朱自清散文》，頁 175-177。

這本書是以清朝末年出生的書房師林漢唐開始寫起，止於 20 世紀末期童養媳林曾二妹的去世為止。林漢唐是誰？林曾二妹又是誰？他們代表的是一個逝去時代的「身分遺產」。並且以農村社會背景來書寫客家人的邊緣性和族群性格，鏤刻客家民俗文化與人情。

圖1.林漢唐／作者提供

林漢唐[3]（圖 1）是清末的準秀才，半生的書房教師，晚清之際，隨著西洋科技文化的輸入，衝擊了一千三百年的科舉制度，新式教育人才的興起，取代了科舉取才的制度，林漢唐成為了客家庄裡的教書匠。

林曾二妹是他的兒媳，一歲半仍在牙牙學語便被人揹到婆家，清末到日治時期許多漢人家庭互換著養育女兒，產生了許多養女及童養媳，林曾二妹便是如此到林家（圖 2）。

圖2.林曾二妹／作者提供

因此之故，此書貫穿了整個 20 世紀，林漢唐傳承自龍潭廩生鄧林鳳[4]的漢學，用書房（私塾）的傳授，講解了許多啟蒙教材，例如《三字經》、《千字文》，在生活處世上以理學家朱柏廬《朱子家訓》[5]為家訓，家訓僅 524餘字，文義淺白易懂，由修身、齊家開始釋義，談及人與自我、族群及國家的辯證關係，梳理書中的觀念主題：人應該自律與知足、培養惜物與質樸的生活、重視倫理、勤苦與養成讀書習慣，推崇儒家思想，亦提及可以信仰宗教的神佛觀，愛惜動物的生命，勸人少殺生，並且少興訟，與人交往合宜便可，請客飲食如常即可，凡是過度則容易生哀禍，朱子強調的是節儉惜物、愛土地的生活態

[3]林漢唐(1886-1968)是清末的準秀才，諡智仁，庚賜公次子，漢安公為其兄長，諡節操，夫人鍾舉妹，諡勤淑，生五子，漢唐公有四子，二子幼年喪，一為螟蛉子，一為林維均。一生與教育為伍。
[4]鄧林鳳，字賡熙，號又皋，祖籍為廣東嘉應州蕉嶺縣人，鄧觀奇之七子，桃園市龍潭區客家人，通曉易經、勘輿，光緒 14 年(1888)考取戊子科廩生，家族出三位秀才，鄧觀奇為客家音樂家鄧雨賢的曾祖父，光緒 7 年(1881)，鄧林鳳在泉水上坡處豎立三立石，稱為湧安里山仔頂石爺，供人膜拜。龍潭的敬字亭的字體也由鄧林鳳書寫。參見客家雲 https://cloud.hakka.gov.tw/details?p=75411，檢閱日期：2022 年 5 月 1 日。
[5]朱柏廬，女宜張氏編譯，《朱子家訓》(上海：明善書局，1943)。

圖3.吳阿賢／作者提供

度，對於華美的事物，採取迴避不談，以及不支持的態度，例如文人之間的聚會，品評畫作、文物類的活動，在祖父吳阿賢[6]（圖 3）所藏上海明善書局出版女宜張氏編譯的版本，提及文人常於陶瓷品上題字，在品評賞析的過程中，一旦摔碎於地，則對陶瓷品的文字本身大不敬，如同文字書寫於紙上，紙落於地上，應該拾起，即使是薄紙的日曆。在倉頡誕辰日焚字紙還於天神倉頡，客家人對學問的崇敬取代了對華服、華屋的追求。客家是漢族的民系，它的文化特徵不出於漢人傳統文化，隨著五次以上的大遷移，文化在翻滾中更新，融合了其他少數民族，在臺灣的客家，有了一次日本殖民的文化性格，迥異於中國及東南亞，甚至於美國其他地區的客家文化，在《朱子家訓》裡，提及見人哀傷應同情，當我翻閱舊書時，看見書房師也是中藥家的林漢唐為往生者開的藥方稱「開單仔」，方便往生者帶單到陰間使用，漢字墨跡仍香，藥方依稀看得出往生者的病痛。似乎明白了奢處唯儉、困處同情的善意。

這本書是以林漢唐為明軸，林曾二妹為無形的動力，她無數次赤足踩動載滿飼料的三輪車，在沿著上坡的道路上，看不到盡頭地拚命踩著，定眼看那哪是人？是牛嗎？我問。

此書首篇〈不能重來的人生路〉談的是許多客家人的生活與生計，把握當下珍惜光陰的人生觀。第二篇在〈農事、家事、天候事〉所探討的是晴耕雨讀的「晴耕」與「勤耕」，第三篇〈客家節慶當鬧熱〉是追溯在 2003 年臺灣客家委員會成立前後，客家人對於節慶儀式的演化，客委會成立以後，推動客家節慶的文化影響。而第四篇〈她們是轉不停的陀螺〉是討論為什麼許多客家女性是轉不停的陀螺？勤勞與節約的生活觀，族譜內的女性通常只存姓氏，似乎是附屬於婚配的男性，超過幾代便無人可考儒人全名，為何勤儉持家仍無法小康生活？以童養媳為例子，林曾二妹來到 20 世紀末期，體會了時代的變化，肯定了自我的價值，脫離「小媳婦」的悲情。第五篇〈族譜上的傳人〉是以族譜上的男性來看客家社會與家族觀，結論處〈書房師與童養媳〉是清朝到日治時期臺灣的一個時代縮影。最後附上筆者於 2006 年〈客家書房師林漢唐的研究報告〉以補充研究臺灣客家地區書房（師）的能量，以待後來者接續深化此主題。

筆者由 21 世紀的觀點，有距離的觀察、思索，體會一個時代的「身分遺產」。

關鍵字：土地倫理、朱子家訓、客家家族、中藥房、客家生活學

---

[6]林漢唐的學生之一，吳阿(玉)賢為筆者祖父。

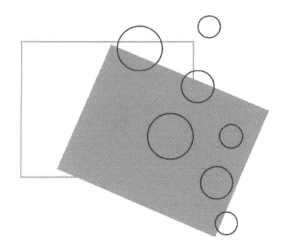

一、不能重來的人生路

導讀

田埂，像是一條條長長的心事軌跡，過渡、想通、轉念與和解，都在田埂上走完，鄉間泥道的滋味只有沒穿鞋的孩童知道。母親那一代是沒鞋穿，我這一代是不穿鞋的自在。泥道是溫柔的泥土，赤足的孩童不怕被割傷，毒辣的太陽光照射在泥道上，龜裂的地面有了溫度，隨風揚起一陣灰塵，揉進孩子的眼裡，石頭是滾燙的，踩著雜草跳著前進，仿佛腳底穿了一雙無形鞋。大人不穿鞋，方便下田耕作，田裡的泥是沃肥的，滋長著稻禾。

　　這是以臺灣客家家族為主體來談的鄉間生活史，許多人都不在了，他們去哪兒？有些人嫁出村莊了，有些人因為工作的緣故，搬遷到外地，有些人賣掉祖產，還有一些人的生命停留在 20 世紀，剩下的，只是一些房子遺址與耆老，那些如雲幻般的往事。在當地人的腦海裡、口中稱道成為傳說。書房教師及童養媳、養女等職業或身分，是歷史賦予的社會需求，當時的時代背景給予的養分，也反映了不同社會階層的價值觀。筆者曾經研讀新竹芎林劉傳老家族的族譜，記載該家族來臺於清朝乾隆年間，目前傳承至第七代，該家族的來臺祖有三位兄長及一位姊姊，三位兄長名為傳銳、傳道和傳易，傳銳於林爽文事件，骨骸收於褒忠亭，傳道於嘉慶庚辰年病逝，至於傳易則失蹤，下落不明。[7]當時劉傳老才四個月大，由母親懷抱著坐船飄洋過海，經過驚險的黑水溝，最後於新竹上岸，是什麼原因讓一位廣東饒平縣的母親剛生下屘子，便攜帶五個孩子來臺？仔細對照族譜本的記載，發現該位母親在坐月子期間，丈夫突然過世，於是才有渡海來臺的事跡。末了，三位兄長失蹤或意外去世，四個月的屘子成為了饒平縣劉姓在新竹後代的來臺祖，其姊的訊息省略無記，只留姓氏，是否嫁人？或是一直陪在母親身邊？不得而知。來臺後於新竹芎林定居以後，開枝散葉，共有七大房，家族近五百人，有人歸因於定居地域的風水極佳，梅花瓣形狀的臺地地形上有多樣性的植物生態，保留了劉姓家族綠色生態農業與慢活的生活步調，七大房在「祭祀公業」組織裡形成凝聚力。如今，延續該家族的凝聚力是加入新竹市政府的社區改造計畫，計畫主持人由劉姓族人移交給招贅子（外姓），顯見該客家家族的包容性與開放性，不以同姓與否來區分本家，凡家族人皆是自己人，想貢獻、想出力者，家族自然會給予支持。

　　新竹的劉姓家族和其他家族一樣，各有各的生活史，芎林劉氏來臺主是從事民俗用紙（金銀紙）的製紙工坊，日治時期曾推動禁止膜拜地方神佛的政策，警察或日本當局經常前來檢查劉姓家族是否仍繼續提供民俗紙給民間人家？該家族一邊偷偷製作金銀紙的粗紙，一邊將製紙的器具往後山竹林的山坳裡藏著[8]。那時，有位養女（劉陳愛珠）嫁到劉家當二房劉興土的媳婦，她原是鍾家的童養媳，人乖巧懂事又勤勞。中日戰爭時期，尚未成親的「丈夫」徵召入伍，兩年後，先生的堂哥自戰場上歸來，帶回消息，說她等待歸來的「丈夫」於戰場沒多久便生病過世，聽聞此事已過世了兩年。當時她年僅十六歲，回憶起這位還沒成親的「丈夫」，雖然一同住在屋簷下多年，她和他說話時，始終不敢抬頭看他的臉，八十餘歲的她淡淡地用饒平腔（客語）述說，「𠊎唔記得聽到佢過身時的心情，也不記得他的面相。[9]」便不再

[7]劉邦森存，《劉氏族譜》手抄本。檢閱日期：2013 年 11 月 12 日。
[8]吳嘉陵，《紙的文化產業與體驗加值》（高雄：麗文，2014），頁 99-100。
[9]訪問劉陳愛珠關於日治時期養女的境遇，2013 年 11 月 12 日。

言此事。鍾家父親見其乖巧，作主將這位童養媳收爲養女，[10]十八歲時嫁給劉興土當二房的媳婦，她很在乎地和外界的看法，解釋她是初嫁而非嫁兩次。回首際遇，二十歲時爲人母，到四十歲之間，陸續添丁、添女，六十歲時先生過世，在八十歲時遇見了筆者，回看自己的一生，訥訥寡言，又極爲誠懇，不斷地說日治時期生活得很苦，有番薯吃便是幸福，仿佛這樣的日子不願從頭再來一次。

圖 4. 林維均／作者提供

　　沒有經歷過日治時期的 21 世紀世代，很難想像那個日本、臺灣與中國混搭風格的街頭即景，又是如此順理成章地認同。於此，想到外公（林維均）（圖 4）在楊梅埔心地區當保正（村、里長）的時候，鄰里間大伙繳完糧稅，沒米可食，外公用日語與日本警察溝通，要留些穀子給農民「做種」，一來一往運送之間，便有餘糧給大伙裹腹。2012-14 年，筆者在新竹劉姓客家家族進行田野調查，時間久了，也聽到許多感人的往事，劉家三房的媳婦（張瑞森）來自一個不同姓氏的家庭背景，她的母親是養女（張愛妹），外公（鍾阿泉）終生未婚，領養了她的母親，期望能招入門婿延續家門，劉氏三房的媳婦說她的父母是自由戀愛，父親（鍾張阿強）因爲很愛母親，所以自動入贅到母親家，說好結婚後生長子跟隨母姓，其餘的跟隨父姓，於是三房媳婦的兄弟姊妹當中有的隨母姓，有的隨父姓，而外公對她的父親還是不滿意，結婚十餘年來，她的父親總是吃剩飯，沒有與妻、子女同桌吃飯，直到外公過世，她的父親開始眞正當家，將家裡生意經營壯大，並且當上里長，替庄里大家解決事情、排解問題。她從她的父親的身上可以看到愛情的犧牲與胸襟的偉大，而母親在父親的照顧下，即使生了五個孩子，母親的個性還是小孩子，父親說我們都要讓她，她女兒說。[11]

　　筆者的《吳氏族譜》[12]記載祖父吳阿賢是三房第十八代接榮公（吳阿開）之子，實際上非此接榮，家族普遍的說法是眞正的接榮過世時已近而立之年，於是在遠鄰處找到黃姓家族一子替代其名字傳承下去，該子成婚時也找同族（黃姓）的女子成婚，後來兒子吳阿開的媳婦（黃雲妹）也是黃姓親族。年幼時筆者阿嬤（吳鄭甜妹）曾帶筆者去婆婆（黃雲妹）的娘家探親，在婚配的關係上，三房（吳阿開）與黃家的關係密切，妻子娘家的伙房由水泥匠吳阿開主持蓋屋，婚喪喜慶都視爲自己家族

[10]訪問劉陳愛珠關於日治時期養女的境遇，2013 年 11 月 12 日。

[11]訪問張瑞森，「關於父親(鍾張阿強)成爲贅婿的過程」，2012 年 2 月 23 日。

[12]吳明光編，《吳氏族譜》，1988 年 3 月出版(1985 初版)。

事來操辦，日治時期楊梅攝影家吳金淼是遠親，其母親也是黃氏，身為水泥匠的祖父（吳阿賢），為他的母親（黃雲妹）家族、親戚持續蓋房修屋，農業社會親人間相互幫忙是常態，筆者認為是人與人之間的人情味稱為「同情」。如今在楊梅五楊高架橋的啟點－往臺北方向的右側，稻田中央留有一棟老舊的黃家三合院，有百年的歷史，吳阿開為黃雲妹娘家蓋的家屋，見證吳家與黃家姻親過往。

黃家三合院前有大埤塘，後有竹林，典型客家伙房型態。埤塘內養鴨的榮景三十年來都是如此，不因高速路的開通或道路拓寬而失去原有的純樸景象，柏油鋪設的小徑是隨著水田的形狀而轉彎。

在 1960 年中山高速公路的興建，母親（林桂英）娘家的土地公需要重新安座，遷地興建這等地方大事，也是由祖父（吳阿賢）與團隊一起完成。可見，臺灣早期農業社會工事的開展，與姻親有著密切的關係。

上面的事跡告訴我們，招贅婿或者出養孩童不一定是家裡貧窮養不起的不得已作法，也在古籍[13]上找到資料，富有人家也早早出讓幼女給人當童養媳，原因是女子早晚都會婚配，早點過去婆家，可以提早適應婆家生活，減少與婆家人的摩擦，這是清末到日治時期經常看見臺灣與中國的民間陋習，大約在二次戰後的嬰兒潮時期，童養媳、養女制度逐漸成了過往的身分遺跡。

圖 5. 黃完妹／作者提供

曾經在《吳氏族譜》與家族戶籍對照，發現一位童養媳在十九歲該年除夕舉行成婚儀式，婚後生一男，其子成長到二十歲時去世，過世的原因不明，察覺到母親離緣的日期是在她的亡子百日該日，至此除戶。「妾」生的二子一女，陸續進入戶籍與族譜登錄，「妾」正名為「妻」。筆者由此推知，夫妻感情可能不甚和睦，只生一子，夫與妾的感情甚篤，連生三個孩子。如今，一紙記載了生、卒年與離緣日短短數句，卻是她的前半生。

人的一生如走馬燈，遺留下來的，真的薄如紙片？對於今人有沒有任何啟示？外婆（林曾二妹）是 1915 年生，一歲半便來到林家當童養媳，幼年承擔許多家務，家裡作主的是女性，是婆婆（圖 5、黃完妹）及祖母（圖 6、黃喜妹），

圖 6. 黃喜妹／作者提供

[13] 曼素恩（Susan Mann），《蘭閨寶錄》（台北：左岸文化，2005）。

林曾二妹是龍潭區曾家的二女，家中部份子女會送出去，林曾二妹認為是自己的命
運乖舛，磨練成逆來順受的認命。另一方面，暗自發誓將來寧願當乞丐，也不願女
兒當童養媳，小時的她經常挨打，理由是放出去的小鴨，黃昏時小鴨該返家卻沒回
籠、顧看的幼孩跌倒了、手中的碗落地打破等等理由。龍潭的親媽來看她，拉入房
內，發現內衣破舊，不如表面光鮮，她當場埋怨母親給了她一個送養的命運，母親
回她話，這是沒有辦法的事[14]，家中子女眾多，通常家中長姊要留下來照顧弟妹，二
女送人的慣習。十八歲該年除夕與外公林維均成婚，在四十二歲以前生養了九名子
女，當她生下二女兒（林桂英）時，祖母（黃完妹）決定送往他家當童養媳，那位中
介的阿婆遠遠走來，外婆速速抱著母親（林桂英）跑到屋後方竹林裡藏著，以示留
子的決心。這件強留女兒的事件之後，便沒有其他孩子再動念送走的提議。

因為林漢唐在伙房設立書房授課，童養媳的林曾二妹深深知道人受教育的重要，
也因為農事、家事纏身，沒有機會隨著課堂上課，她的九位子女在貧窮的環境下先
後完成教育，而她個人也在 1979 年楊梅瑞梅國小開辦的夜間補校，學習基礎的國
語、數學等課程，那是她極為快樂充實的日子。她的手提袋仍保留至今，左手提著，
袋子上的暗鈕生鏽與摩擦痕跡，是她向學的動力軌跡，筆者保留著，在田野調查的
路上，外婆勤學精神一路相伴。

1973 年中山高速公路的完成，徵收了楊梅地區二重溪大岡頂及外公的部分農
地，大岡頂是座山坪，林家來臺祖榮煥公等祖先的墓地在那，原來庄上的土地公是
設立在那，傳說曾有白馬奔馳而過大岡頂，是山的守護神，日治時期當局有意規劃
為軍事用途，畏懼於傳說因而作罷，林家祖先移居數次，遷移的理由有環境不易生
存、買賣田地等，移居到廣東省蕉嶺縣蘭坊鄉的第一世壽椿公，有感「峽裡地狹人
稠，傍焦河三面環村，洪患頻仍。元末明初至藍坊峰口，見山明水秀，極具兒孫發
展潛力，因結廬居焉，居碻上老屋。[15]」參考了地理風水的說法，結廬於峰口處，有
益於後代子孫的繁榮昌盛，因而定居，顯見客家人對風水的重視。

林家後代第十四世榮煥公（1743-1804）是來臺祖，後代子孫滿堂，各宗族人開
始向外地發展謀生，與其弟榮昌公同於乾隆 41 年（1776）由祖籍地廣東省蕉嶺縣
（嘉應州鎮平縣）出發，渡海到臺灣淡水港上岸，復遷居於宋屋廣興庄，買田、造
屋，道光三年（1823）承購平鎮村 141 號，八角塘附近的水田，鈿、茅埔，共十餘
甲，開始建祖堂耕作。[16]榮煥公來臺後生三子，諡純樸，葬於楊梅庄二重溪大岡頂上，

---

[14]訪問林桂英「關於林曾二妹的童年事跡」，2013 年 2 月 27 日。
[15]林彰偉存，《林氏族譜》（桃園：桃園市榮煥公派下裔孫，2006），頁 211。
[16]林彰偉存，〈榮煥公來臺記〉，《林氏族譜》，頁 211-216。

「田螺穴，墳前有一小池，旱不絕水」。這是祖先看顧子孫與田地的風水。第十五世榮煥公的第三子為俊興公，生七子，屘子庚賜公為黃喜妹的丈夫，林漢唐的父親，在他三歲時意外過世，[17]據孫輩林彰揚聽漢唐公描述他父親的長相，「高大軒昂，氣宇非凡，知書達禮，精明能幹，三十歲就在七房三十幾口之間當家」[18]，這是少有對庚賜公為人的描述。黃喜妹是閩南籍，茹苦照顧二子（漢安、漢唐），林氏家族開枝散葉於楊梅區梅溪里重頭溪一鄰 45-46 號，[19]林家上屋是次子林漢唐所有，下屋是長子林漢安所有，《林氏族譜》[20]記載俊興公諡義創，夫人蕭氏，一同葬於打鐵坑，虎山頭處，癸山丁向正線，護衛著子孫。屘子庚賜公同樣葬於該處，祖先一邊租地耕作，一邊存款置產，於平鎮八角塘到楊梅坑等地歷經遷徙。黃喜妹於九十四歲過世（1951），當時我母親（林桂英）十三歲，小學五年級，這時，林曾二妹才真正的當家作主。[21]

鄉間外婆家旁有條火車路，火車定時往返載炭、載旅客，筆直的火車路在心中劃成一道線，隔離出孩童玩耍的安全區域，孩童都被警告過，曾發生火車撞孩童的慘事，大人說得十分慎重。對農村來說火車路，是嚴肅沉重的工業文明象徵，只聞其聲，沒有人敢靠近，遠遠望見軌道間，經常有旅客掉落的小物件，散落在枕木、

[17] 林彰偉存，《林氏族譜》，頁 214。
[18] 林彰揚，〈關於庚賜公的記事〉家書，2012 年 12 月 25 日。
[19] 這是林家五房開枝散葉需要分家，長輩決議上屋與下屋之別。參見客家學者黃卓權曾就新竹吳慶杰先生提供客語的分家書，進行分析，分家書的形式不一，可以看出彼時客家人對自家「產業」的定義。內文如下：仝立鬮分字人：兄弟石泉、阿滿，侄阿和等。為祖父承下並無田園、散（產）業，創有種物己（幾）件。兄弟叔侄嘗（商）議，不以（如）今日和氣，免至日後爭長；特請房族人等到家，將物件等項作為參分均分，各此物件憑鬮所拈，各拈鬮份，各此守管。此係兄弟叔侄等心甘意喜，日後不異言反悔，又不得爭長競短。此分居移（以）後，房房富貴、福祿榮長。批炤。恐怕口說無憑，今立有憑字參紙壹養（樣），各執壹紙，付執永炤。
即日批明：牛牯大小參隻，共結價銀貳拾大元正，批炤。
再批明：長（藏）有谷壹拾捌碩，又有豬壹隻，結銀肆元，批炤。
再批明：物件等項作三份均分，此係心甘意喜，不得反悔，批炤。
再批明：石泉、阿和心甘各領冬谷壹拾石正，批炤。
再批明：眾項起有金蘭肆拾大元銀正，批炤。
再批明：存有磧地佛銀伍拾大元，交以（與）阿滿抵會項債數，不觀（關）石泉、阿和之事，批炤。
批明：會滿以後，石泉、阿和不得均分，批炤。批明：眾項抽出赤牛子壹隻，為阿和長孫，批炤。
在見兄阿何，在場代筆叔阿房，大清光緒拾伍年己丑歲月 吉日仝立鬮分字人兄弟叔侄石泉、阿滿、阿和。石泉分有：鍾舅（春白）一件、石磨一墩、小房子一介、米斗一介、小煏头（斧頭）一支、小棕衣二領、犁一張、門枋二塊、酒甕一隻、棉被一領、腳鋤一張、蚊帳一領。參見 https://www.facebook.com/photo?fbid=999328170087031&set=gm.1609204919322190 檢 閱 日期：2015 年 5 月 26 日
[20] 林彰偉存，《林氏族譜》，頁 214-218。
[21] 訪問林桂英，「關於母親林曾二妹的記事」，2012 年 2 月 7 日。

碎石與鐵軌之間，吸引著好奇的孩童不斷地觀望。

　　不久，又迎來交通部高速公路工程局興建中山高速公路[22]，經過楊梅到埔心路段，徵收外公（林維均）的田，將大岡頂這山坪剷平，並且劃分為兩個區塊，大岡領的傳說與祖墳也跟著消失於人們的記憶。外公、外婆做主，與鄰近的鍾家共同捐地，將土地公遷建於村口稻田旁，因為是建置於村民常經過的道路，遷建後香火更為旺盛，累年增建設施。1978 年中山高速公路全面開通時，整個高速路很是空曠，久無人車經過。連帶影響 70-80 年代車廠的生意越來越好，人們開始享受更富足的生活，交通更為便利，外婆家（頭重溪一鄰 45 號）位於火車路與高速路的交會點，除了火車於火車路上的騁馳聲，還有新開發的高速路上車水馬龍的騁馳聲，鏗鏘又熱鬧。當地人也預見了鄉下未來工業化發展的榮景，逐漸地農田、田產轉為工廠的廠房、樓房大廈的投資，商業投資改變了 70 年代臺灣鄉村的地貌。

　　高速路的建立，沒有改變外婆照顧水田的規律性，外婆時常要持鐵製農具，繞過高速路下的涵洞，去耕耘另一半自己的田，田的邊界很遠。一回黃昏，表哥（林於常）因故被父親責罵，爬上尚未開放高速路，走向黑魆的遠方，日後得知那是往臺北的方向。遠方太遠，夜晚太黑，孩子不是英雄，隨後返身回家。如今臺灣的高速公路已經不只一條，周末的假期經常塞車，瓦房屋逐漸拆除，農村更見荒涼，2006年開通使用電子收費系統，2013 年高速公路的收費站已廢除，留下數截收費站成為遺址，泰山、大甲與田寮收費站。鄉間的工廠林立，住家的樓房、貨櫃屋高立，這是日新月異的車路風景，也暗示著鄉間土地污染的可能性大增，環境保護的意識日益重要。

　　伙房後方的畦路猶如棋盤般交錯於田地，後院水田旁一畦畦的菜園，祖先的骨骸罐就放置於那，這是客家的習俗。祖先守護著自己的田產，後院靠近家屋處有一口水井，鵝卵石裏著水泥鋪成地面，節慶祭祀將至，竹林的水井旁圍繞著忙碌的婦女們，為了過節祭祀，正殺著雞鴨，羽毛散落一地，鴨翅膀的羽毛可以是清理人耳屎的用具，公雞尾巴的羽毛可以製作成毽子，老少都會撿起備用，格外惜物。

　　屋外水井處十分敞亮，人站在屋內幽黑灶下，於窗臺邊看得十分清楚，五阿姨（林惠姬）在水井和窗邊搭棚種下了葡萄樹，葡萄樹攀枝延伸，葉呈多角狀，深深淺淺的綠層層疊疊，屋簷下的陽光透射在五阿姨身上，她年長我約 15 歲，專心地看

---

[22] 中山高速公路於 1971 年動工，1975 年 11 月 10 日，內壢交流道－楊梅交流道完工通車，1978 年基隆到高雄全面通車。全長為 373.2 公里，鑑於車流量多，拓寬建有汐止五股高架道路、五股楊梅高架道路等。參見 https://zh.wikipedia.org/wiki/，檢閱日期：2022 年 5 月 1 日。

著綠色成串的小葡萄，不一會摘一顆葡萄遞給我嚐，先用身上的衣服擦拭一會，還說有點酸喔！她是我看過最親切溫柔的女子之一。水井通常不加蓋，井頸的高度足以維護孩童的安全，旁邊的竹林遮蔭了水井，感覺清涼，枯褐輕盈的竹葉，偶爾隨風飄落入井內，往井裡探看，竹葉似舟浮盪水面，看得見自己的深層倒影，身後的天空光影與白雲在井內緩緩飄過，指推井邊的灰塵，落入井面紛紛，無論多麼細微的灰塵，明鏡般的井面都會激起微微的漣漪，一時之間倒影也晃動了起來。

大舅（林彰揚）回憶 1954 那年，母親（林桂英）當時 16 歲，她的鋼筆意外掉落於井底，由於價格不斐，是母親於楊梅初中畢業時的勤學獎品，那個年代還沒有原子筆，鋼筆與手錶是有錢人的用品。外婆託人請埔心矮坪子的清井人來清理，改善井水品質的同時，也許可以找到筆，一舉兩得。清井人下去了許久，上來時全身黃澄澄的泥漿，清理了一些爛泥殘枝，最終鋼筆沒有物歸原主，外婆按行規備妥熱水，讓全身冷得顫抖的清井人洗浴，也煮碗雞蛋麵線加上白胡椒粉讓他裹腹，再給予紅包[23]。一口井，靜靜地無語也無波，鋼筆落下激起了漣漪，黝黑陰涼的井水恢復了沉默，仿佛沒有發生什麼事，那口井有如鋼筆書寫了人的輪廓，幾代曾到井邊探望過的人臉。

勤勞往返田裡的外婆，硬是把足跡印在長雜草的田埂上，田道是生態廊道，也是生物的棲息地，「保水養地，藏水於農」[24]，泥埂土蘊藏著青蛙、瓢蟲、蜘蛛等，它們是減少稻子蟲害的共主。挑著秧苗走過、巡著水田走過，夜半關水閘也走過，關水閘是把水道的引水處用石頭擋住，以免水漫秧苗，水禍殃及下屋的田。

圖 7. 飽滿稻穗／作者提供

於是，作息的時間再晚都要去巡水田，即使看到空中不明的鬼魅，即使是冬夜細雨的刺骨，穿著簑衣，在田埂上仍要穩住步伐緩慢地前進，以免黑夜裡意外地栽入田裡。格狀的田埂，框住一畦畦土地的芬芳，四季進行著土地倫理。她是愛物、惜物的，彎腰埋在土裡鋤草，知道一滴汗一粒米的道理，於是伙房前的曬穀場掉了一粒飯，都會捨不得地拾起，明白稻穗飽滿了會彎下腰，做人應如稻穗般謙遜的道理。（圖 7）

孩子喜歡走到田埂上，看著小鴨成群地在水田的秧苗裡穿梭覓食，田埂藏著的小青蛙受到驚嚇，急急忙忙地跳入水田，形成一道道躍動的弧線，蹲下貪婪地探尋

[23] 林彰揚，〈關於清井人的記事〉家書，2012 年 2 月 25 日。
[24] 顧玉蓉，〈「保水養地，藏水於農」看頭社盆地如何靠「田埂」〉家書，2021 年 5 月 27 日。

田水裡悠游的蝌蚪，褐色微斑的蝌蚪，不停地抖動尾巴，雙手成拱沒入田水，很容易便抓到蝌蚪。很小的時候便知道稗子與稻子的差別，在稻田裡「搜草」要清除乾淨，因為大地和雨水正專心澆灌它的養分給稻子。有時，田埂的邊緣會開出金針花，當時筆者寄住外婆家，通常筆者會摘回，或是在田旁溝渠撿拾蛤仔，放在灶間的飯桌上，外婆便知道是我摘拾，那時，便已覺在農村生活有食力是重要的。

記憶中一次祖母（吳鄭甜妹）帶我們姊妹徒步走到外婆家探訪，路程約一小時的腳程，走著走著腿酸了，等到爬上了未完工的中山高速路，遠方的外婆家屋仿佛在招手，提振了精神，我拚命地揮手喊著，急奔於熟悉的、窄窄的田埂上，健步如飛，當時我便明白：我是離不開土地的孩子。

圖8.父親（吳明光）騎車載母親（林桂英）／作者提供

還有一次是我不記得的往事，出生到五歲的寄居，外婆隔代教養，母親照顧幼小的妹妹們，無暇顧及我，外婆等於是另一個母親，父母親只有在假日來探看，之後，黃昏近了催促要上路，父親騎著野狼125的摩托車，媽媽抱著妹妹坐在後座，朝著外道的方向騎去，赤足的我追著摩托車，喊著我也要回家，母親回望紅了鼻，小阿姨（林雪紅）是國中生的年齡，揹起傷心的孩子，掉頭走向田埂，為了轉移注意力，要我看看天空早起的月亮，問說：「那是什麼？」我回答「是月亮。」小阿姨又問：「月亮是什麼？」再次回答「不是太陽。」中年以後，小阿姨提起這往事，總說我的邏輯好。我倒覺得母親的姐妹都有一份像外婆溫柔、解語的力量，會盡所能地安慰人。田埂，像是一條條長長的心事軌跡，過渡、想通、轉念與和解，都在田埂上走完。

鄉間泥道的滋味只有沒穿鞋的孩童知道。母親那一代是沒鞋穿，我這一代是不穿鞋的自在。母親那一代沒鞋穿的感受是「夏天時炙熱得難以忍受，冬天時又冰冷得麻木不已。」[25]，戰後嬰兒潮的後世代來說，孩童不喜歡穿鞋，泥道是溫柔的泥土，赤足的孩童不怕被割傷，毒辣的太陽光照射在泥道上，龜裂的地面有了溫度，隨風揚起一陣灰塵，揉進孩子的眼裡，石頭是滾燙的，踩著雜草跳著前進，仿佛腳底穿

---

[25] 林彰揚，〈赤足記事〉家書，2012年3月25日。

了一雙無形鞋。大人不穿鞋，方便下田耕作，田裡的泥是沃肥的，滋長著稻禾。

外婆引領我走過許多泥石路，去三元宮拜神、回她的龍潭娘家、去鎮上辦事、去省道邊碾米，泥道上的昆蟲屍體及嵌石都數得出來，火車路旁有一處陰涼的溝渠，蛤仔常年如雨後春筍般成長，滿足著孩子的收穫。直到 2010 年 4 月外婆過身[26]，送她最後一程，夏日的驕陽熾熱，頭上的白布喪帽遮住低下的臉，想起無數次祖孫拉手走過的泥路，眼淚就滴在柏油路上，才察覺泥路已難尋。

桃園市楊梅區是座狹長的盆地[27]，埔心是在盆地邊緣位置，主線道是大成路首端，日治時期楊梅農會、火車站都在那，二次戰後火車站遷移到大成路末端，在遷移之前，外婆領取農會的飼料後，外婆要踩著三輪車載肥料回埔心，回程時面對大成路與省道（中山路）交接的斜坡，嫁到楊梅的宜姑婆（林宜妹）會請女兒幫忙推車，那順手一推，推出了多年自小一起長大的小姑／嫂子情，踩三輪車的是童養媳，嫁到楊梅的是小姑。差別最大的是童養媳沒有機會受教育。

等到筆者念公立楊梅高中，高二成為校園的糾察隊一員，清晨六點騎著腳踏車趕到大成路末端的火車站，督促著全校同學搭乘校車接駁到街區一公里以外的山間學校。大成路的斜坡成為我筆直地滑向火車站的加速度，心裡默念由這開始一公里的終點便是楊梅火車站。等到我念大學，在往臺北的客運上瞥見母親騎摩托車，也在同樣的這座大成路斜坡，吃力地催著油門，雙腳如家禽的蹼，划水前進，心頭一緊，背影是外婆，也是母親，還有高中的我。

二次大戰後的臺灣客家人，許多從事公務員、教師與火車路相關人員，族人的交通與託運物品，經常要靠火車路人員幫忙送貨及買車票，鐵道人員之於客家家族有崇高的地位。火車路粗魯地橫過外婆家的田產，與新興的中山高速公路形成十字交會點（涵洞處），無論是吃煤炭的時代或是電氣化的時代，火車行駛時與軌道摩擦，發出巨大的聲響，淹蓋了家人之間的談話，電視發出的聲音，童年時還沒上學不識字，老是覺得沒聽見的電視劇情的對話異常重要，由排斥到接受火車行經發出的聲音，是不知覺當中的妥協與習慣。母親回憶說我剛出生時就住在外婆家，父親在桃園擔任公務員，外婆家的稻埕面向火車站，母親每天早晨定點抱著我，站在稻埕上，等著父親那班的火車經過，四目相望，匆匆一眼。長大後離鄉念書，換我成了火車的乘客，望向外婆家的稻埕，母親曾經駐足等待父親的地方。

---

[26]「過身」，客家用語，指去世的意思。
[27]桃園市分為南北地貌的不同，桃園北邊是台地，南邊是個長形盆地，盆地內楊梅區大成路位於中央，面積為 89.12 平方公里。

　　大舅（林彰揚）是臺灣 60 年代出國留學的遊子，他常說 1968 年登入月球的壯舉是全體人類重大的事，那一年 1897 年出生的曾外祖父（林漢唐）過世，臺灣正由農業時代轉往工業時代，大舅回憶道：

> 當我啟程前往新大陸留學，背上扛著大大的行李，走在黃泥土的路上，頻頻回首那籬笆圍牆裡的土房子，梅溪流過的美麗莊園，梅溪源自矮坪子的山谷，蜿蜒流過田野，流到山坡下的溪流裡，那個年代，農人在溪流裡用石頭築起水壩，引導河水到稻田裡去灌溉。[28]

　　1974 年，大舅（林彰揚）完成學業歸國，印象中美麗的家園改變了面貌。高速公路的開通，良田成為柏油路面，良田也開闢成為「一棟棟的怪物」，「而那梅溪已被擠壓成一條污水溝，委屈地穿梭於那些怪物中」。[29]似乎大多數的客家人美麗的家園有著共同的景色。劉海蓮形容的故鄉是：

> 夢中的細阿妹仔叩問水泥森林，（要怎樣）才能追回舊陣時那勃鬱四野的炊煙和那綠蔥蔥村莊。一缸清茶、幾條山歌、四時不缺雞矢騰和幽香艾草的鄉野，歇腳的犁耙，長腳蚊子，水蜘蛛，野芋頭朝天開著一瓣細黃花，農夫遲遲的腳步，插在涼浸浸、滑溜溜的淤泥裡，採著供鴨的綠浮藻。[30]

圖 9. 1961 年松山機場林彰揚留學與家族合照／作者提供

---

[28]林彰揚，〈60 年代留學前後故鄉記事〉家書，2010 年 12 月 25 日。
[29]林彰揚，〈60 年代留學前後故鄉記事〉家書，2010 年 12 月 25 日。
[30]劉海蓮，〈愛樣般轉去舊陣時客家南洋〉，《第五屆桐花文學獎》（客家委員會，2015），頁 18。

滄海桑田是不需要多年的變化，當時家族人趕往臺北市松山國際機場送別，大舅帶著大家祝福的花圈上飛機，（圖 9）三歲的我，也有花圈，掛在外婆家灶牆上，外婆做家事時，每一回頭便見花圈：那天送別的場景，一年年花圈蒙上塵埃失去光彩。外婆就這樣望著，望了六個年頭，大兒子（林彰揚）才由美國回臺灣。1984年三合院賣給工廠之後，夷成平地，如今的我於火車路上區間車望向外婆家，方向依稀可辨，伙房

圖 10. 爸爸、阿嬤、我／作者提供

不復存在，伙房是母親與她的姊妹、弟弟胞衣跡的地方，是童年的我寄居五年於外婆家很重要的成長地，晚年外婆得了老年癡呆症，有人提醒說阿陵來看你了。她聽到我的小名馬上激動了起來，說：「𠊎帶的好好的，強強地把佢搶走，說甚麼是吳家的子孫，𠊎當痛喔！……」聞此言，念及我已中年，她不認得我，還停留在 1972 年的時空，彼時我已返回祖父家上小學，離開她是骨與肉剝離的傷痛。而外婆不知道當年與她搶我的阿嬤（吳鄭甜妹）（圖 10）已經過世 20 年。這世界上真的有平行時空？我常想，是的。在外婆的心裡，記憶是看得見的流動視覺。

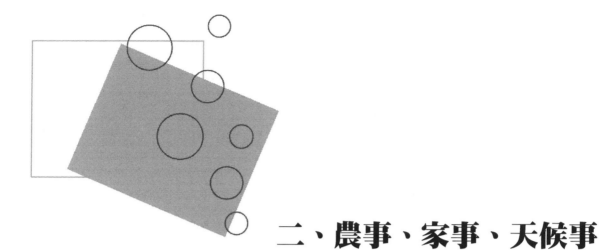

二、農事、家事、天候事

導讀

外婆家的灶下是女人煮三餐的流水線。晚餐時最忙,除了家人用餐,還要用灶鍋煮豬食,一杓勺到桶裡。一桶一桶地提去豬圈餵豬,灶下時刻要有人接力燒柴,它是整個廚房啟動的活力,就好像宮崎駿的動畫電影《霍爾的移動城堡》[31]一樣,是屋內的火炭讓整座城堡活動了起來。

---

[31]動畫電影《霍爾的移動城堡》改編自英國作家黛安娜‧韋恩‧瓊斯(Diana Wynne Jones)在 1986 年的作品《魔幻城堡》(Howl's Moving Castle),其中卡西法(カルシファー)是一個火惡魔,前身是流星—星之子。與霍爾以「心臟」訂下契約,之後居住在城堡爐內,是整個城堡移動的動力。

　　日治時期記錄臺灣的農業特色很有客家味，埤塘是農業上的灌溉用途，農業戶目眼所及都是赭色的砂壤土，丘陵地形普遍有埤塘，平均 2.4 戶有一個埤塘，小溪流形成規模小的埤塘，婦女要分擔農事，埤塘內有鯽魚、草魚，原野上普遍有黃牛與水牛，一般來說水牛比較多，小農夫養豬約兩、三頭，大農夫則豢養豬隻十頭以上，還有飼育鴨、雞、兔、鵝等。蔬菜一行行地栽種著，農曆十月的收成，要感謝上天眾神，村莊戶民一起奉納感謝上天眾神，請戲團上演收冬戲供神明觀看。[32]

　　母親（林桂英）和我說過外婆前院的小埤塘用來養鴨，印象中埤塘與綠院交接處露出竹子根部的鬚纏，沾著許多結塊的乾土，很明顯土質不甚好，竹子的根部外露也沒有吸取到土壤的養分，但是提供了埤塘一角的陰涼。埤塘對於客家農村有很多的作用，儲水、灌溉田、防火災、維持生物多樣性及調節區域溫度等作用，母親說如果沒有埤塘提供鴨子戲水，維持羽毛的潔淨，牠的肉質會有腥味，沒有運動肉質也不健美。母親還說以前的廁所，沒有手紙可以使用，臺灣大約在 40 年代才販售衛生紙[33]，尋常人大都使用竹片光滑處潔淨，日本稱替代便紙的竹片稱爲「廁籌」或「廁簡」。用完了再放入另一邊的竹籃，累積到一定的竹片量，連同竹籃一起放入埤塘內浸泡，浸泡是爲了洗淨竹片，可以再回收的用途，還有提供吳郭魚、鯽魚等魚類食用有機質，浸泡兩個月後撈起，再一一曬乾，徑可提供廁所再次使用[34]。替代便紙的竹片，其作法簡便。對半剖後，再對半，用劃刀去除竹節內側的凸處，削去使之平整，保留竹片光滑處即可。

　　一次在外婆家，五阿姨（林惠姬）與我們小孩一起入睡，講睡前故事，她講了一個傻子被母親喚去買鴨蛋與鴨子的故事，剛開始傻子完成了任務，回家的路上鴨子看見埤塘想去玩水，好心的他放了夾在腋裡的鴨子。沒想到鴨子越游越遠，他在岸邊急得一直喊鴨子回來，鴨子不理他，沒有回頭的意思，他只好用袋子裝的雞蛋當成石頭，去扔鴨子，這下子，鴨子沒了，蛋也沒了。傻子回家挨了一頓罵。當時我們姊妹都覺得故事很生動，五阿姨笑著說不要告訴別人這個傻子的故事，因爲聽起來很傻。當時我聽到鴨子在游水的情節，腦海的畫面便是外婆家這座小埤塘，等到我國小時，該處埤塘已填平，種植一些果樹。還有一次小阿姨（林雪紅）在玩睡前游戲，她將棉被捲高，形成長條狀，要我們伸手進去抓魚，抓的魚就是小阿姨的

[32] 國分直一，〈臺灣農業の特色〉，《民俗臺灣》，第 4 卷，第 5 號，通卷第 35 號，頁 10-11。

[33] 葉前錦，〈玉山衛生紙：戰後供應近乎全臺「衛生紙」的家族〉
http://bankofculture.com/archives/2067. 檢索日期：2022 年 7 月 15 日。內文補充說明同益號紙行於 1946 年生產早期臺灣的衛生紙：玉山衛生紙，生產者為余添貴（1910-1979），苗栗公館人，後來入贅謝岡市家。

[34] 訪問林桂英，「關於日治時期到戰後客家庄的記事」，2021 年 12 月 5 日。

手。我們玩得很開心。阿姨們都有自己的善良與溫柔，是外婆家不可以分割的美好。

上屋是漢唐公支派，右廂房給長子（林穀昌），左廂房給次子（林維均），林穀昌原姓宋，林家的螟蛉子。林維均大多數的時間住在埔心傳統市場街邊，與二子林彰鎬（圖 11）開設保安堂中藥房。外婆則守著林家的田產與伙房，每日在農事、家事裡打轉。母親（林桂英）每當有重要的事才會去埔心街上找外公商談，我隨母親去時，母親以少有正式口吻喊她的父親「阿爸」，外公頓時嚴肅了臉，也許他們有重要的事要談。我不得而知。那對父女對談的身影印象深刻。外公總會拿醃橄欖（中藥材）請我吃，外公會注意到他是外公的身分，要請孫輩一些零食，母親與外公商談事情的時候，外公與二舅通常很忙，外公一邊取中藥材進行包藥，一邊與母親對話，二舅則在一旁幫忙切中藥，那時埔心三元宮的藥籤是外公印刷提供，上面會印有保安堂藥房的字眼，是外祖父年事未高時一段榮景，同住的表妹（林燕如）說家裡的春聯，是由外公親自寫的，對來年的期許。後來擴建三元宮，入門處右方第二柱是外公、外婆認養的，上面寫著：「頭腦清楚拜神佛，弟子林維均、林曾二妹仝獻[35]」。每年新年母親都會去埔心三元宮那祭拜神祇，並且安太歲或拜斗，祈求來年平安，撫摸柱上的名字，如見其人。

圖 11. 林彰鎬／林燕如提供

在外婆家（頭重溪一鄰 45 號）三合院的稻埕處，左邊有棵上年紀的芭樂樹，它像是進入一個村口的「石敢當」，更像是林宅的標誌。凡是住過外婆家的孫輩，對這棵芭樂樹都不陌生。三合院的後方有口井，井的後方是叢叢竹林，風一吹，竹葉常在風中翻飛落在井水上浮沉。初春土裡會冒出新筍，也會吸引筍菇蟲的拜訪，筍菇蟲喜歡食竹筍的汁液和嫩竹處，影響了竹子正常的生長。雖然牠是竹筍的害蟲，孩子們看見了筍菇蟲莫不歡喜，在牠的象鼻處綁一棉線，跟隨牠的指引一起飛翔。筍子突出泥地以後，會有脫落的筍殼，人人都知道乾燥的筍殼容易點著火的好處，紛紛拾起於灶前，以備生火之用。筆者記得竹林邊的筍殼被大家勤拾，已不易取得。上一代的臺灣作家描寫鄉村對於牛糞、豬糞視為珍寶，而《臺灣民俗》書中也記載日治時期臺灣人「拾肥糞」、「拾豬屎」、「扒牛屎」等用途，大抵是有機質的自給肥料，包括人及家畜，還有綠肥等來源，那一年

---

[35]這是四阿姨（林文姬）高中畢業，母親（林桂英）在外工作，還未與父親（吳明光）訂婚前，外公（林維均）用 2000 元台幣等於現今 30 萬，（當時國中教師月薪 600 元），刻外公與外婆的名字於柱上。之後外婆每年虔誠地上香，直到老年不能行動。

代的農戶莫不如此，瓦屋設有家族公用的廁所，個人房間普遍用尿壺或尿桶，以便夜半方便起身如廁，白日再倒尿拚肥，早期豬隻會在村內四處行走。連傻子（馬鹿）都知道豬糞是珍寶。拾起豬糞可以當作農作物的肥料，也可以是埤塘魚的食料，農人不用擔心飼料的不足。它們是有機的肥料，可以改善農地的土質，外婆是挑著人尿去菜園澆肥，並用冷飯伴著米糠餵雞鴨。一位作家的小說描寫鄉間的傻子好不容易看見牛糞一坨，想把它帶回家，沒有東西可以裝，只好把頭上破頂的笠麻摘下，用手捧入笠麻內，傻子高興得仿佛撿到金元寶。時代的變遷，化學肥料的替代，人們生活習慣的改變，將一些在記憶的事物活成那一年代的資產，引人心戚戚焉。

　　臺灣的氣候很適合竹子的生長，竹林生長在田舍邊，除了防風以外，還有防盜的作用，特別是刺竹。[36]在傢具與竹筏之類，大量使用竹類生產，民間有細竹工的師傅，也引進福建、廣東等地的工人到臺灣當幫工，包括日用品，竹椅及笠麻等。在日治時期日本人觀察到臺灣人不可以居無竹，而且竹子的編織巧妙又精緻，尤其以日治時期的臺南州為著名，保有傳統的樣式。日本人受臺灣的影響逐漸將竹類細工品推廣到日本，成為新生活的樣式與用具，而臺灣是以平價、容易生產的竹農具、竹傢具為主，[37]日治時期漢唐公穿著西裝拍照，便是坐在藤椅，一派自然，等到他晚年時，身體不適，仍是坐在藤椅上與子孫一起拍照。可以窺見竹類的製品如何融入鄉間的客家生活，例如菜園竹棚、灶下菜櫥、梯床、乳母車等，價格低廉又堅牢，竹製品呈現出臺灣民間「簡素的生活美感」。[38]祖父家（三合院）的正廳兩側，全是竹編椅以待客來。黃昏時，母親會將晚餐端到稻埕讓我們享用，我與妹妹們一人頭頂扛著一竹椅面，竹椅四腳朝天，到戶外晚餐當成扮家家酒，印象極為深刻，黃昏的蟲子群聚於頭頂上，等待著父親下班。

圖 12. 客家老屋／作者提供

下屋是屬於漢安公支派，育有五房，開枝散葉，（圖 12）孩童經常去埤塘附近摘果子、採摘紅色的扶桑花，埤塘是大的，比曬穀場更大，深碧綠色的水面，「新做埤塘丈八深，青魚鯉子在中心[39]」，上有竹筏一只，用竹竿推動前進，那次不知為何原因，許多孩子圍在竹筏岸邊，原來是表哥（黃東治）與小舅（林彰揚）在嘗試操作竹筏，竹筏上有竹椅，

[36] 黃連發，〈農村と子供〉，《民俗台灣》，第 3 卷，第 10 號，通卷第 28 號，頁 9-10。
[37] 金關丈夫，〈竹椅子〉，《民俗台灣》，第 3 卷，第 1 號，通卷第 19 號，頁 24。
[38] 顏水龍，〈竹細工〉，《民俗台灣》，第 3 卷，第 4 號，通卷第 22 號，頁 42-43。
[39] 吳阿賢抄錄，《客家山歌》歌詞，無頁數，約 1940-50 年。

表哥喚我上筏坐著，塘水透過筏面隱隱地漫過腳邊，那是我唯一一次漫遊埤塘的經驗。如今，埤塘仍在。地底的湧泉不斷地漫入塘內，注入它永恆的生命。

據學者研究以閩南／客家來臺先後的順序來解說，客籍來得晚，人數亦不多，選擇與原鄉環境接近的山區、丘陵及臺地等居住，[40]同時也帶來原鄉農耕的生活型態。其中無論是「隴畝，山多於地，田蕪而□水」[41]，「濱河之田，以陂角置水車數座，車輪所挽之水，灌入田畝[42]」，「田無高下皆宜火，火者稻稈之灰」[43]以求地力肥饒。「民性質實尚勤儉，重本薄末，地狹民瘠，終歲勤苦以食」[44]。整地引水、先是手鈀或犁田，繼之以割鈀，施肥後亦可再次進行犁田的動作，而手鈀可以將土質處理得更細碎，繼而以拉蕩滾田土與田水，[45]使之充份混合，經由牛拉整平耙修整後，田水迷漫如鏡如湖，這時便是等待插秧的時刻。客家俗諺稱頌勤快的美德「高崗平地有黃金，只有懶人不用心」、「寧可同人比耕田，毋好同人比過年」，認同惜物的生活習慣「爛衫爛褲毋好丟，留來落難好遮羞。」播種時，先將穀苗均勻布在秧田，俟秧苗長出再以鏟子鏟成方秧塊時，疊入秧篦，用秧架（秧馬）挑至田邊，以秧船載入水田，並採用後退行進的方式來插秧，大拇指會套入蒔田管，[46]以分取適量秧苗植入田裡，學者簡榮聰以自身經驗說明「春田插秧，寒氣未消，秋田插秧，溽暑未退，熱氣逼人，有時西北雨一來，真是熱一陣、涼一陣。[47]」夏夜也是有好處的，「成千成百的螢火蟲，一片兒飛出來，像金線網似的，又像耍著許多火繩似的」[48]。五月節時，通常臺灣北部第一期稻作剛收成，感謝土地公的保佑，在田埂間插上細竹棍，夾上金紙（福金），俗稱「土地公枴」，南部通常在中秋節插上土地公枴，期望土地公經常來他的轄區巡田，保佑五穀豐收。田頭、田尾都有農民豎立的一根土地公枴杖。農民指出，農曆二月初二及八月十五日都是土地公生。二月初二是春耕之際，拜土地公祈求風調雨順，稱為「春祈」；農曆八月十五日為中秋，早期是在秋收之後，

---

[40] 簡榮聰，《臺灣客家農村生活與農具》（台灣史蹟研究中心，1991），頁 19-20。及陳正祥，《臺灣地誌》（臺北：南天書局，1993）（1959-61 敷明產業地理研究所研究報告第 94 號。）、陳紹馨，《臺灣的人口變遷和社會變遷》（臺北：聯經，1979）及戴炎輝，《清代臺灣之鄉治》（臺北：聯經，1979 年）。

[41] 劉國光等，《長汀縣志》，卷 30（臺北：成文書局，1968，據光緒 5 年刊本），頁 3-4。

[42] 陳壽祺，《福建通志》，卷 3（臺北：京華，1968，據清同治 10 年重刊本），頁 5。

[43] 黃釗，《石窟一徵》，卷 5（臺北：臺灣學生書局，1970），頁 7。

[44] 施添福，《清代在台灣人的祖籍分布和原鄉生活方式》（臺北：師範大學地理系，1987），頁 173。

[45] 簡榮聰，《台灣客家農村生活與農具》，頁 23。說明手鈀是田裡使牛拉引鈀、割鈀是指將硬土切割碎狀、拉蕩是指蕩平田地，以備灌溉。

[46] 簡榮聰，《臺灣客家農村生活與農具》，頁 34-35。解釋蒔田管是尖刃形管狀套入拇指，有木作、竹作或銅作。

[47] 簡榮聰，《臺灣客家農村生活與農具》，頁 35。

[48] 朱自清，〈白馬湖〉，《朱自清散文》（北京：三辰影庫音像，2017），頁 143。

拜土地公感謝護佑五穀豐收，稱之爲「秋報」，也就是感謝四季平安。[49]農民李明營說，農家自製手杖送給土地公還有另一個傳說，土地公枴若由小孩攜帶並插在田園裡，小孩會聰明伶俐，因此，每當贈杖給土地公時，往往會由大人將杖交給小孩，由小孩執行這個神聖的儀式，而農婦在正午過後，也會準備祭品在田頭邊祭拜土地公，祈求豐收。[50]

漢唐公心所繫的田事紛多，充分體現盡人事看天命順應自然的心態，1950 年寫給孫子（林彰揚）「現田有水，等秧苗未長，尚未蒔又急。」、「本季稻莖已敗壞虛，失望定無收，桃園透下竹北鐵路邊稻，高看，青青田龜裂盡了，洗衫要進鑽尋有位置可洗，」、「今四日下午仍然細雨稀疏，肯來，幸福或有可望，乾涸河變有流通水，洗衫亦有位置。翹首仰天，諒尚有可望，但稻作病蟲害，何害用何藥？」、「本季，吾稻爲早蒔、慢蒔都好，一般都係好觀，此回天災遭劫後，獲得救生。」[51]誠如客家歌謠說的「水浸禾苗心裡定[52]」，俗諺裡用農民集體的經驗，來說明農事的規律，例如「三月無清明，四月無立夏，新米舊米價」說明清明與立夏兩節氣影響到新稻子的生長，「四月芒種雨，五月無乾土，六月火燒埔。」表示臺灣在四到五月是多雨的季節，六月則進入乾旱期，「立夏小滿，雨水相趕」代表梅雨季節來到的意思，「未食五月稷，破裘未肯放。」是說未過端午，寒衣不可收，代表臺灣天氣溫度高低變化大。「早冬雨，晚冬露。」說明早稻喜雨水，晚稻喜露水。[53]農業社會要操心的是：盡人事，順應天時。將要曬穀，會擔憂有太陽曬穀否？太陽太大時，擔憂田是否龜裂？是否按照農曆本上的節氣行事？今年來了幾個颱風？稻子有病蟲害，牠的天敵是什麼？冬季的溫度低適合種蘿蔔，夏季溫度高適合豆類的生長，天候有它的規律，萬物各有其性，農閒時則需要修補農具和砥礪刀具。然而許多不繁華、不鬧熱的日子才是眞正的日常。

農人最擔心的農事是發生旱澇之災，水田耕作不穩定，尤以水源不足爲憾事，經常發生爭水源的事件，鄰人或族人爭執事情最多的，莫過於農田取水的問題。

每逢乾旱時期，便苦無收成，常爲搶溪水灌漑農田發生衝突或是打鬥。清朝竹山街社寮的隆恩圳是灌漑濁水溪區域的優質水源，每當進入缺水期，農民會舉辦祈雨儀式，祈求風調雨順，農作豐收，並且鄰里之間經常爲了爭奪圳水進行訴訟。水

[49] 林明宏，〈田裡插枴杖，農民謝土地公〉，《自由時報》，2013 年 9 月 20 日。
[50] 顏宏駿，〈中秋節、得道日，農民替土地公做拐杖〉，《自由時報》，2015 年 9 月 27 日。
[51] 吳嘉陵、吳嘉梓，《走過時代的典範：客家私塾教師林漢唐之研究》（臺北：秀威，2008 年），頁 56-59。
[52] 吳阿賢抄錄，《客家山歌》歌詞，無頁數，約 1940-50 年。
[53] 毓齋，〈稻江歲時諺〉，《民俗臺灣》，第 3 卷，第 10 號，通卷第 28 號，頁 46。

源,代表著一個家庭的生計,直到 1930 年桃園石門水圳完成後,減少了爭水源的不和事件。[54]1964 年桃園石門水庫完工,提供更大規模的發電與觀光,灌溉及民生用水,防洪等功能。

因為臺灣的農事仰賴水利,產生了許多私有圳、埤,客家與閩南民系之間、鄰里之間時有爭水興田的紛爭,於是埤圳的引水規則調解由抽籤決定,並寫上合約書裡,例如在光緒二年(1876)的合約書寫著臺中客家庄竹仔坑一地,為四人共有,於是每人每年共有水香四枝,代表是平均引水入田的時間。在《中國民事習慣大全》[55]書裡更進一步規定,鄉民俗規「燃香按寸,輪流灌溉,水香許典不許賣」,每地一畝的灌溉用水用線香約一寸半。水香是依附在土地的地役權,不可獨立於田地之外,單獨買賣,水香是土地均權的附加價值。[56]

圖 13. 收穀／客家大院提供

稻埕是曬穀的場地,田裡的穀子收割後,擔到稻埕上,鋪滿穀子,進行曬乾的步驟,如果穀子太潮濕容易長麴,穀子便不能食用,人們會先用耙仔耙成一列列有間隔的穀丘,如果烈日當頭,約 1-2 小時,將穀子再次翻平,間隔一段時間曝曬,恢復成穀丘狀,定時翻動,直到太陽西下。眾人合力將穀子堆起一丘,有人掃穀子、有人持大拖拉,木板拉著雙繩由雙人拉著,中間的人使力推穀,有人用細盪耙、插畚箕,最後再用帆布蓋好穀堆,(圖 13)等明天天晴,再重複同樣的動作,堆成穀丘,不停翻動著穀子。約一星期以後,手握起穀子進行搓摩,產生沙沙的聲音,代表著穀子乾燥得宜。下一個步驟則需要用到鼓風車。在曬穀子的過程,孩子們常將一行行的穀丘當成障礙賽來奔跑,默契不足的往往會將穀丘踢成缺一角,代表輸了,在鄉間有很多機會可以增加體能的玩耍,無形中會增強體能的運動力。

當鼓風車抬出來時,阿姨、舅舅們都在幫忙,孩子們統統關在屋內,說是揚起的灰塵與穀殼、沙子會讓我們全身發癢,「該穀燥水,蓬蓬飛個穀毛,飛到圓身,虐削癢到一身皮都會爪爛。[57]」孩子緊閉屋內門窗,婦人叮嚀著不可出來。大人則戴著笠嫲、包裹得密實,一人用右手轉動風鼓手,則有另一人用畚箕將穀子筆直倒入上

[54] 高山富夫,〈竹山採訪錄〉,《民俗臺灣》,第 3 卷,第 7 號,通卷第 25 號,頁 33。
[55] 施沛生編,《中國民事習慣大全》(上海:上海書店,2002)。
[56] 田井輝雄,〈雞肋集(六)〉,《民俗臺灣》,第 3 卷,第 4 號,通卷第 22 號,頁 25。
[57] 吳餘鎬,〈田中央的禾埕〉《第 5 屆桐花文學獎》(臺北:客家委員會,2015),頁 229。

方的漏斗處,在穀子落下的時候,利用穀粒及雜質的輕重、速度進行分離,讓穀子更為純粹。還有俗諺說「東風透過洋,六月粟免颺。[58]」意思是如果六月間東風大的話,穀粒飽滿,便不需使用到鼓風車篩選分離輕浮稻穀和碎物的意思。

最後,將穀子裝入麻袋搬上三輪車,往街上的礱間進行碾米,礱間設有礱穀機,附近的田家都是來這家礱穀,將穀脫殼輾成米,再裝回米袋攜回,外婆家有間儲穀室,印象中一角的穀子堆高到可以搆著屋角的蜘蛛網,因為唯有沒有曬過太陽的蜘蛛網才可以捕抓得住樹上知知作響的蟬。

外婆家的灶下是女人煮三餐的流水線,晚餐時最忙,除了家人用餐,還要用大鍋煮豬食,一杓勺到桶內,一桶接著一桶地提去餵豬,灶下生火處需要人接力燒柴,它是整個廚房啟動的活力,就好像 2005 年上映宮崎駿的動畫電影《霍爾的移動城堡》(ハウルの動く城)[59]一樣,是屋內的火炭(卡西法)讓整座城堡活動了起來。

外婆的灶是雙連灶,設有煙囪,瓦房屋頂有天窗,漏下天光,不時有白雲飄過。靠近外側的灶則經常使用,靠近牆壁內側的灶,只有迎接節慶時啟動蒸菜包、年糕、粽子等。作成灶的磚不是一般建築用的紅磚,而是淺黃色耐高溫爐火的磚,質比較差,但耐高溫。[60]灶面原先用水泥補過,以泥土及稻草砌成的土磚牆,石灰壁也被柴火煙熏黑,雙排的煙囪微微的傾斜直上瓦屋,石灰壁掛有大鐵鍋蓋及木蓋兩種,灶下設有 L 型區域用來放柴,儲放乾燥的結草、竹枝及木材,視灶火的旺度來決定放哪些材料去燒,偶爾我會放些蕃薯進入灶邊悶燒,如果火太旺往往成黑炭,或是貪心燒多了蕃薯,會忘記它們的存在,成了祝融的祭品。誰有空,誰就坐在那看顧著火,阿姨、舅舅們都蹲坐過。

雙連灶的牆上高處,貼上用毛筆寫成的「灶君爺之神位」,客家及漢人習俗仍然保有祭拜灶神的習慣,農曆 12 月 24 日是拜灶神的時刻,通常會準備三牲、麥芽糖、金紙,期望灶神回天界多說家裡好事,回人間時又能保家人平安。牌位兩旁寫著:「有德能司火,無私可達天」,農曆 2 月 1 日是灶神生日,照例要敬拜。灶君爺是看管家庭的神明,敬拜神明才能六畜及家業興旺。早晚都需要替灶君爺虔誠地上香。[61]

灶房除了煮飯、料理菜的功能,還是我們每日洗臉、刷牙的地方,這是因應家

---

[58] 毓齋,〈稻江歲時諺〉,《民俗臺灣》,第 3 卷,第 10 號,通卷第 28 號,頁 46。

[59] 《霍爾的移動城堡》的故事改編英國作家黛安娜·韋恩·瓊斯(Diana Wynne Jones)1986 年的作品《魔幻城堡》(Howl's Moving Castle),卡西法(カルシファー)是火惡魔,與霍爾以「心臟」的重要性來訂下契約,卡西法居住於城堡內,是移動城堡的動力。

[60] 林彰揚,〈懷念老灶下〉,《第 3 屆桐花文學獎》(臺北:客家委員會,2013),頁 72-73。

[61] 朱鋒,〈台南年中行事記(上)〉,《民俗臺灣》第 2 卷,第 5 號,通卷第 11 號,頁 27。

中人口多、衛浴間太小的權宜之計，據日治時期的紀錄，灶頭熱時以料理爲主，又因爲灶壁的厚度足以保溫，能夠提供熱水洗碗、盤，或是家人們擦拭身體、洗臉的功能，不用擔心水溫容易變冷。外婆家大灶的餘溫，也提供書房學生帶來的便當進行保溫作用，以便中午享用。

　　灶，是女人的戰場，也是她們擁有自主權的地方。第一階段起火時，先是炊飯。第二階段火力旺盛時，以炒菜、炒肉爲主要料理，講究速度、動作敏捷，第三階段火力尚旺的階段，以蒸熟（熰）爲主，例如碗蒸的單品不會使用到蒸籠。以竹製品裝食物或是使用碗裝物，在大鍋裡裝湯水，蓋上蓋子悶蒸食物。第四階段灶火仍旺，可以熱剩飯、剩菜，加入湯水煮沸混入飼料或是煮豬菜，用桶挑豬食到豬圈給豬吃。農家普遍使用匏橀（葫蘆對半切）勺食、舀水，飼養家禽、豬、牛等，是臺灣農業社會的特色。[62] 也是客家婦女忙農事以外，還須忙家事的原因。

　　1966 年母親（林桂英）嫁給父親（吳明光），住在祖父蓋的三合院右廂房及伸手間，舊址是桃園縣楊梅鎮中山路一巷 46 號，右廂房由祖父（吳阿賢）、祖母（吳鄭甜妹）同住，左廂房是二伯父（吳和光）與二伯母（鄭丹桂）的住處，母親與二伯母的灶下形成了現代與傳統的對比。60 年代剛畢業的母親任職楊梅衛生所，隨著同事作客到父親家，父親因此認識了母親，而二伯母與二伯父是媒人介紹認識，大伯與二伯幼年有童養媳，二伯的童養媳二歲多意外過世，「女故，婿家另娶，其岳父母稱其後娶之妻爲續女[63]」，二伯曾說明[64]，二歲多的童養媳納入吳家祖塔，二伯母每

圖 14. 客家灶下／作者提供

年都會前往已故童養媳家走親，是替往生者行孝的用意。唯獨小二伯九歲的父親是家中庀子，從師範學院到中興大學，接著考上公職，完整教育與擔任公僕的經驗，庀子沒有童養媳。印象中母親的廚房沒有柴火與灶，使用大同電鍋、黑白電視機，在 60-70 年代是很現代的生活，而二伯母節約的習慣加上子女多，始終使用傳統灶來生火煮飯，（圖 14）即使家裡已有家電，還是維持著簡樸的生活。大約在我十歲，

正值三年級，家裡搬到一巷 46 號旁邊，爲一巷 46-1 號，獨棟的西式房子，母親與

---

[62] 川原瑞源，〈灶に關し〉，《民俗臺灣》，第 3 卷，第 5 號，通卷第 23 號，頁 40-41。

[63] 田井輝雄，〈雞肋集續（二）〉，《民俗臺灣》，第 3 卷，第 9 號，通卷第 27 號，頁 17。書中記錄此為施沛生編，〈第六編雜錄〉，《中國民事習慣大全》此為山西隰縣的慣習。

[64] 訪問吳和光，「關於吳家童養媳的事蹟」，2012 年 6 月 24 日。

父親在廚房保留了竈、大灶鍋與煙囪、放柴的位置，印象中每天一家七口的洗澡水都是用灶上的大鐵鍋煮的，煮開了再提熱水到浴室鹽洗。

我們維持在外婆家的習慣：廚房是我們每日洗臉、刷牙的地方。有一回去板橋三阿姨（林美妊）家玩，我們家與三阿姨家的孩子共六位，全在廚房刷牙，準備睡覺，恍然大悟，外婆家的子孫很自然地將廚房／鹽洗的功能合而爲一。

於是，在 46-1 號的家宅，提供柴火之類的，經常是祖母、父親鋸開相思樹幹，入灶下擺妥，我也維持在外婆家看顧灶火的習慣，會主動添柴，一樣偶爾烤些蕃薯。

好幾次看見祖母（吳鄭甜妹）將她種的澄黃小柑橘摘滿一桶，洗淨柑橘以後，放水在大鍋裡熬煮，桔醬大多是用酸桔當原料，也有使用金棗，酸桔酸且小粒，惜物的客家人用大鍋熬煮成桔醬。民間作法有兩種，一種是先將柑橘內種仔挖除，一種是連種仔整粒下去熬煮，等放涼了之後，再剔除種仔，祖母是屬於後者，用鏟子不停地在大鍋攪動，大鍋很忙，空氣中有股橘子燙熟了的味道，這是客家桔醬的自製法，酸桔加一定比例的鹽與糖，最後裝在罐內收藏，收藏的仍是完整的柑橘，這道沾醬不時會出現在飯桌上。

客家的大甕，祖母（吳鄭甜妹）用來醃製皮蛋，那是一灘烏黑的生石灰水和草木灰，再用水與鹼、鹽充分混合，放入若干雞蛋，假以時日。吃飯時間母親常喚我去拿兩顆皮蛋，那是複雜不安的心情，伸手進入鹼水與草木灰裡，不斷探索於未知，直到完成任務。另一個大缸是祖母用來醃製長年菜，稻埕上一群孩子在玩遊戲，祖母一聲聲喚妳的名字，非常不情願地問祖母要做什麼？她只道人站進缸裡，赤足把沾鹽的青綠菜葉踩一踩，於是，我一邊羨慕地看著小朋友在玩遊戲，一邊幾乎是跺腳似地踩著長年菜，一邊問她說好了沒？當我踩了一陣子，祖母再放新菜入缸，我又問好了沒？如今回想起來，與客家家事與農事，最接近的時刻，都發生在我的童年，誠如山歌唱的「載過二年花謝子，有錢難買少年時」，在我成年後，一些尋常食材成了故鄉專屬的味覺。

日治時期日本人好奇於臺灣一些事物，進行文化研究與科學觀察，留下了許多文字記錄，也由外來者的觀點來看農村時期的臺灣。由於日本沒有水牛，所以他們格外好奇水牛與臺灣人的關係，通常是鄉間居住的農人，有時是客家人。在《民俗臺灣》記錄了日本人許多紀錄與觀察心得。（日）松山虔三的夫人來臺灣時觀察到母牛非常稀少，小牛吸吮著母乳，在中日戰爭爆發之初，南京軍隊用水牛來托運行李，臺灣的水牛是離不開水，全身泡在水裡，只露出一個牛頭，讓人感覺很自在，與南京的牛完全不同。觀察牛的習性，活力不強的牛隻容易死去，沒水的地方，牧童會用竹筒、勺子澆灌水在牛隻的身上。臺灣人聽聞這說法，覺得日本人觀察的觀點有

差異。日本人以前不知道牛為何物？臺灣的牛角還可以做成印章、匙子等用途，日本人經過長時間的觀察牛隻，拍攝到牠們耕完田，於溼地、草地邊休息，偶爾牛與牛發脾氣會用牛角相鬥，沒多久便各自離去，牛在休息時，看顧牛的囝仔會與牛互動，甚至騎到牛背上，這是日治時期日本人對臺灣水牛觀察的一個現象[65]。插畫家立石鐵臣認為臺灣的牛也會載物，多半是黃牛，因為馬是稀少的，牠的輪廓線是強烈且粗重的線條美，而牛本身有種悠閒感，色彩是暖和的黃褐色，立石鐵臣觀察的是載送甘蔗的黃牛，在太陽底下休息，無論空間或位置，很有立體感，腹大、肌肉強而緊張（豪勢）的姿態。[66]

父親（吳明光）與大舅（林彰揚）在幼年都曾經當過看顧牛的囝仔，七歲時便領牠們去吃草，趕在早上耕田師傅吃完早餐，上工之前，牽牠們回家。由於大舅是男生，清晨時往往自被窩裡被喚醒，要牽牛去吃草，等事情完畢，才能吃早餐與上學，這是件苦差事，無論颱風下雨。母親（林桂英）說那年代的農村孩子很少不牽牛吃草的，母親是在暑季中午牛耕作之後，牽牛吃草，補充體能。暑期是農事最忙的時刻，也是熱度最高的時刻，割稻與插秧都在同一個月內，俗諺「大暑滿田光。」在暑期一個月內要割完稻及插秧，太慢的話，會耽誤「田蒔落慢冬禾」，家有牛則會分擔人肩負犁田整地的重任。

之後年長懂事了，大舅（林彰揚）放學後自動牽牛去吃草，夜深時，偶爾會聽見牛欄的牛發出醒著的聲音，大舅會放下課本，撿些稻草餵食，好幾次綁牛的繩索脫落了，牛會自行到灶下將外婆切好的豬菜吃光，然後再走回牛欄，由這點看牛很通靈性。外婆最後養牛的期間是 50 年代大舅去念中興大學，母親念臺北護專的時候，家中無人看顧，只好賣掉，據說牛隻不願意離開外婆家，是牛販用竹棒打著出門的。許多客家人感謝黃牛對家庭的貢獻而終生不吃牛，牛也知曉人的情感。《朱子家訓》所提「勿貪口腹，而恣殺生靈」女宜張氏釋義「萬物皆以養人，人豈必盡斷葷腥，只是少吃為妙，牛犬驢馬都是有功於人的，斷不可食其肉，斷不可輕易殺生。[67]」是呼應了許多客家人對牛的貢獻因故不食牛肉的理由。臺南北門的地方俗諺有言[68]，人殺耕作的牛會墮入地獄的蛇池，被蛇吞食，如果是殺豬，人的靈魂一樣會墮入地獄的蛇池，但是，會被救起，原因在於豬隻多半是敬奉神明場合的供品。

客家著名點心牛炆水，就是牛入泥水中的意象聯想出來的點心名稱。大約是在我的童年時候鄉間便少見牛隻，水牛與放牛童的過往是屬於父親（吳明光）他們那

[65]松山虔三，〈水牛〉，《民俗臺灣》，第 4 卷，第 5 號，通卷第 35 號，頁 23-24。
[66]立石鐵臣，〈水牛〉，《民俗臺灣》，第 2 卷，第 6 號，通卷第 12 號，頁 28。
[67]朱柏廬，女宜張氏編譯，《朱子家訓》，頁 16。
[68]吳尊賢，〈北門郡地方に於ける俗信〉，《民俗臺灣》，第 2 卷，第 5 號，通卷第 11 號，頁 60。

一代的故事，1923 年《臺灣日日新報》報導：

> 新竹州管內鐵道沿岸，以水牛耕作及放飼等之南國自然景趣已供臺覽，自車窗
> 眺望，似多御感興。當御召車離平鎮停車場，約三町左側線路地點，眺望茶園，
> 有本島婦人六十名，分三組摘茶。於楊梅停路場附近，觀覽小池畔豚畜，及離
> 約一町丘山，放飼水牛。又沿道線路，亦歷覽水牛放牧。[69]

這段文字是紀錄日治時期新竹州楊梅的風景，鐵道、水牛、茶園、池畔（埤塘）為地方特色的代表，而筆者的童年是與鴨子、豬隻、埤塘是比較親近的意象。（圖 15）

圖 15.埔心客家庄的豬隻／作者提供

鄉下的鴨子經常放出去覓食，鄰家也是如此，於是外婆（林曾二妹）會在鴨蹼上用剪刀剪角作記號，用以區別家鴨。黃昏時我趕過鴨子回鴨舍，鴨子是有記憶的、聽話守規矩的，人手一揮自然成隊，萬一有走散的趨勢，人嘴發出噓聲，又會自動歸隊，毫無例外地跨檻入屋舍，日復一日，鴨子與我有了默契。成熟後，井邊常是宰雞、鴨的地方，鴨的翅膀羽毛豐潤，大人與小孩都知道那是至寶，是掏耳朵的密器。沒幾日，大人小孩都在屋簷下趁著陽光正好，輪流坐在屋簷下掏耳朵，掏完後，僅存末端的鴨羽毛上場了聲音在耳膜咕嚕咕嚕地發響，有野人獻曝般的舒適。

殺好的雞鴨放入鍋中煮熟，浮出的油脂鎖住了湯的熱度，撈起雞鴨，湯裡放入長年菜熬煮，毋需再放油，吃菜時唇齒留有凝脂般的營養鴨油，有時也會用豚大骨添煮長年菜，[70]這些都是大地回饋給我們的豐盛味。

白斬雞沾桔醬是客家庄常見的美食，桔醬是清爽的、先酸後甘、刺激食慾的，酸桔需要時間熬煮透熟，手續繁複，至今，酸桔醬成了客家文化的符號，尊客的象徵之一。

逢年過節是要印粄、搓湯圓，紅龜粄、壽桃粄，是使用粿模印製，有著長壽的象徵，還有豐收等各式各樣的粿模。模具是木雕而成，一般來說有樟木、樸薑木及苦苓木等進行圖案的刻製，使用久了木頭上還有深漬的沁色，用手掌將粄擠壓密合

[69] 劉學穎，《台灣色彩幻覺研究》（臺北：南天書局，2010），頁 162。摘錄〈鐵道沿岸自然景趣〉，《臺灣日日新報》，1923 年 4 月 27 日，漢版 5。
[70] 川原瑞源（王瑞成），〈長年菜〉，《民俗臺灣》，第 2 卷，第 1 號，通卷第 7 號，頁 45。

住模粄的圖案，模具上脫落下來需要上些食用油的輔助，再將成品放在美人蕉葉、月桃葉等，在蒸籠[71]裡蒸熟，等涼了才可以祭祖、食用。

在臺灣正月の餅類の內容：[72]

菜包	荣粿（鹹粿）			發粿	甜粿	種類	
包金 （即寶袋）	食點心			發錢 （家運昌繁）	過年	俗意	使用目的
地神以下祭饌	地神以下祭饌			神饌	神饌	供物	
元旦祭祖先、二日頭牙、應酬客人的食品	元旦祭祖先、二日頭牙、應酬客人的食品			正月元旦及九日（天公生）上元十五	正月元旦及九日（天公生）上元十五	日時	
糯糍	粳米漿			粳米漿	糯糍	主	原料
麵粉加入少許砂糖、餡有落花生及鹹菜，外型似饅頭	南瓜稱為金瓜粿	里芋稱為芋粿	大根（白蘿蔔）稱為菜頭粿	麥粉、砂糖	黑糖為主，有紅色與白色兩種	副	

圖16.客家菜包／作者提供

因為祭神習俗不同才需要製作如此多樣供品，不僅是客家人的習俗，也是漢人的習俗。表格內的「菜包」推測可能是「刈包」，而不是客家俗稱的菜包，這些粿與菜包延續至今，是臺灣傳統客家文化的一部份。（圖16）

印粄、搓湯圓往往需要人力的幫忙，所以一家通常有好幾個粿模，同時在使用。而搓湯圓則是孩童的最愛，曬穀場上遊戲的孩子們，一吆喝馬上放下遊戲，入屋內圍著竹篾制的竹匾幫忙搓湯圓，大人叮囑要洗手，不然湯圓會是髒色的，一陣混亂後，大家都說洗手了，當湯圓成圓型，自手掌滾下時，便有報馬仔大喊：「有人沒洗手！湯圓是黃泥巴色！」大家都笑開了。

[71]朱鋒，〈語言とあて字〉，《民俗臺灣》，第3卷，第7號，通卷第25號，頁28-29。稱為「籠蒸」。
[72]川原瑞源（王瑞成），〈點心と新春の食品-鄉土食生活隨想三〉，《民俗臺灣》，頁44。

　　現在的湯圓大多數是搓好了再來販賣，一條龍的作業型態是存在於傳統糕餅產業裡，我們享用節慶美食，執行著節慶的儀式，卻不知道節慶有很大的部分在於準備食材的過程，我們享受著現代便利的生活，也節省了慢活的節奏。那是單純的快樂，舉辦節慶是感恩上蒼一年保佑豐收的恩賜，簡單的心意。

　　農村婦人於圳邊溝渠洗衣，洗衣衫的婦人三兩成群，她們交換著近況，手裡是不曾閒的搓衣、刷衣，沖刷衣服後，茶摳泡沫隨著水流打圈地往下游溜去，時間是看得見的流水，外婆轉過身來對我說：「茶摳不要打太多，不然鞋子會滑！」於是我聽話了，仍是滑著拖鞋回家。日後，隨母親回她的娘家，外婆家從不鎖門，一旦外婆不在家，母親便喚我們去三處尋外婆，稻田之間仔細看有無身影？如果沒有。便頭也不回朝向兩處洗衣

圖 17. 浣衣／客家大院提供

窟尋去，沒有例外，外婆在水窟的陰涼處勤洗衣衫。（圖 17）大舅（林彰揚）記得：「溪流的水很清澈，農夫喜歡到河邊磨鋤頭，村里的婦女喜歡在河邊洗衣裳，小孩也喜歡在河裡捕蝦抓魚，水牛則靜靜地在河邊吃草。[73]」日治時期日本畫家立石鐵臣描繪出兩種洗衣婦的場景，一幅插圖是淡水河邊狹長的街景，埤圳（崛割）處有婦人蹲踞，掀起寬褲以免打溼褲腳，專注於石上搓洗衣裳，呈現出水鄉之景，還有拿洗衣棒捶打衣服叩叩地動作十分有趣。另一幅是臺北近郊新莊商鋪旁，河流的某一段開朗，有石塊於水邊，適合大家聚集洗衣，婦人一邊洗衣一邊打小孩屁股，立石鐵臣看到水的返光照射出建築的倒影，覺得臺灣婦人洗衣的場景很有趣，新北市新莊老紅磚屋連接著建築群，意外地產生了統一性的協調。[74]立石鐵臣描繪出日治時期城鄉洗衣婦寫實的風景。

　　日治時期，村裡的人總會種一些油茶樹，油茶子曬乾以後，就壓榨成茶籸和茶油。茶籽榨成油後的剩餘物，稱為茶籸，沒有加石鹼成分，殼大些的茶粕塊是用來洗頭髮、洗濯，中型殼的茶粕塊則用來洗顏，通常大如直徑五寸茶碗大，中間處則穿洞加繩，方便商人挑擔販售，清朝時期福建福州一地產量多，日治時期也開始盛行起來。[75]茶籸的用途很多，茶油還可以用來護髮，那是自然環保少污染的年代。

[73] 林彰揚，〈日治時期到戰後客家庄裡洗衣記事〉家書，2012 年 4 月 15 日。
[74] 立石鐵臣，〈洗濯風景（一）（二）〉，《民俗台灣》，第 3 卷，第 6 號，通卷第 24 號，頁 26-27。
[75] 李氏杏花，〈萬華聞書〉，《民俗台灣》，第 3 卷，第 8 號，通卷第 26 號，頁 47。

圖 18.1968 年林桂英身後的竹竿曬衣／作者提供

家裡有衣架是件奢侈品，趕在正午太陽大之前，將洗乾淨的濕衣一件件穿在竹竿上，「竹篙曬衫加鏓橫」，衣水朝地心引力滴去，待風起時，衣服微微地揚起，便知道可以收了，收衣時，只要將竹竿輕輕地擎向天空，如升旗一般舉起，整竿的衣服順勢落入懷中，也收得陽光的味道。洗衣成了與大自然接觸的洗禮：淨水、竹竿與陽光。（圖 18）

昔日的洗衣窟已成爲今日工廠的排水處，遍尋不著乾淨、適合的洗衣窟，龍潭老街溪的湧泉「泉水空」成了大家懷舊的洗衣處，客語將「洞」稱爲「空」。每一回去客家庄進行田野調查，觀察到普遍屋外有溪流，溪邊石頭的擺法及洗衣石塊的承受面，可以分辨出是否爲村莊人曾經於此處洗衣，如客家山歌裡面唱的：「石古洗衫石古坐，茶故洗衫起白波，洗欄衫子無打景，莫來洗欄手指羅，井水洗衫水感先……」[76]，其意涵是說坐在石頭上面使用石頭來搓洗衣服，使用肥皂洗衣服，水面生起了白波，衣服如果洗破爛了沒關係，不要洗衣洗到手指的羅紋都不見了（意喻洗衣不要過於操勞），最後一句是沒有人使用井水來洗衣的。說明創造歌詞的人十分了解客家婦人的辛勞，以及井水與河水在生活用水上的差異。

黑炭的蕃薯是灰燼中的夯物，孩童口中不起眼的補給。孩子圍著一堆的雜草與土堆，燃起了煙，穩定的火苗正在燜燒著，經驗告訴我們：這是進場烤蕃薯最好的時機。各自守著各自的蕃薯，有紅心與白心的蕃薯，外皮一睹可知。甜美多汁的滋味，卻讓上一代的父親（吳明光）流下淚來，父親說：「日治末生活的貧瘠，小時的我每回掀開飯蓋，3/4 的蕃薯籤混在一點點的白米，眼淚都會掉下來，因爲吃怕了。[77]」對於我們這一代來說，蕃薯是一條浮在熱騰騰白米鍋裡的臺灣，顯得珍貴。如今是便利超商店裡的點心，用電烤熟，香氣四溢，勾起無限的回憶，土窯邊的守候，泥土夯成的氣味，格外令人懷念。焦桐在〈客家宴〉[78]詩中，寫著：

陪你回中壢（客家庄），牽手再走，彎來彎去的鄉村路，溝渠如霧，擁抱著魚塭，稻田，紅磚農舍。陪我散步任教的校園，百花川如煙，偎著圖書館，教室，松樹，湖光，日光的裙角閃過草場，歲月的柔焦鏡。陪我圓桌板凳吃飯，喝茶，

[76] 吳阿賢抄錄，《客家山歌》歌詞，無頁數，約 1940-50 年。
[77] 吳明光，〈日治時期到戰後客家庄記事〉家書，2010 年 6 月 24 日。
[78] 焦桐，〈客家宴〉，《中時時報》，2015 年 6 月 5 日。

閒談團圓和美的客家鹹湯圓，飽滿著雞高湯，香菇，油蔥酥，深情般纏綿的韻味，綿密指揮呼吸。回憶糯黏如剛出蒸籠的菜包，我聞到桔醬溫柔了歧異，那酸楚藏匿玻璃罐，被甜蜜反覆愛撫，好像靈魂裡奏起了音樂──好像薑絲炒大腸，薑辛脂香和瘋狂的嗆酸一起熱烈交纏，百年的回味。像密封在瓶子裡的福菜激動欲訴，親愛的語言，親切的召喚。像一起捶搗粢粑，凝聚力的隱喻，又年華般易老……梅干菜年華般逐漸熟成，一生都珍惜著流離復遷徙，無法翻譯的集體滋味。陪你回到客家庄，曬穀埕陽光擁吻蘿蔔乾，克勤克儉的緞帶和勳章。在尋常的大地蘊釀不尋常的氣味，儲存共度的夏日時光。

原來，客家庄土地的味道與地理風景，人人的感受相通，鹹湯圓、菜包、桔醬、薑絲炒大腸、福菜、梅干菜、蘿蔔乾等尋常食材，是客家人經常享用的菜餚，從種植到採摘、曝曬於曬穀場或是浸入醬缸成為一股對時間謳歌的福菜酸味、洗淨便可生食的蘿蔔乾，味道單一而持久，鹹味如對生活的咀嚼。

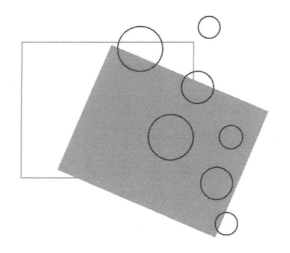

三、客家節慶當鬧熱

導讀

每回過節慶，昏暗的灶下總會架起木製四方形的蒸籠，蒸籠底用竹條編織成面版，粿粉摻和著砂糖、豆類，放進蒸籠去蒸，木製方鍋一掀開，蒸氣急忙竄出，一時之間遮蔽了外婆的臉，灶間的蒸氣消失於無形，牆上的灶王爺又燻紅了臉。

年紀漸增，客家美食成了地方文化創意產業，社會富裕之際，在街上隨時可以買到農業時代年節才會出現的年糕，農家必備的炊具－木製蒸籠已在農具博物館成為文物。

年，像是樹的歲數，剖面，一圈圈的同心圓滲出生命的汁液，向你展開束管纖維與季節的交替與融合。一層層的樹皮，是時間往前的明證，亦是雨露與天空的誓約，多年以前，住在楊梅的風口與山凹低窪處，冬季濕冷天，鐵窗前，母親喚我一起將洗淨的木（紗）窗裝回原處，由於鐵窗的阻隔很難裝上，裝了許久才完成，印象深刻，母親的勤勞，過新年的濕冷。年，是口沉默的老井，往內探看，深幽如鏡，投以石子，空響迴盪。驚醒古老的傳說，年獸必來，紅布喜氣的必然，鞭炮聲響是跨年的儀式，古井，有著好深的心事，年年迴響，月月承載，人人來井邊，探看了又離開。

年，是水盆裡沾滿了飯粒的飯匙，飯粒狀似浮沉，昨個兒，滿是心事，一夜過後，心事紛紛落盆底。長大，像是蟬脫殼，樹脫皮，乾淨的飯匙。沿路丟落不想要的，不想記得的，一一撿拾起，想記得的，以及珍貴的事物。

　　客家人鬧熱的節慶有過年、正月半、清明掛紙、五月節及七月半、義民祭、十月半，拜土地公與祖先（阿公婆）等，在臺灣客家委員會推行下客庄月月有節慶，統稱「客家 12 節慶」，其中以天穿日、義民祭與桐花祭最為盛行。

　　每當要過節，後院角落的石磨洗淨，它是將糯米磨成米漿的利器，把糯米洗淨浸妥，用杓子勺糯米放入石磨中央漏處，沿著沉重的石磨仔的中心點轉動打磨，不一會發出低沉的石臼摩擦聲，米漿就這麼沿著石磨的唇邊緩慢地流入缺口處，缺口處下方裝了粄袋於桶內，等到裝滿，綁妥後再置於大石下壓著，石頭的重量把米將多餘的水分釋出，製成粿粉，這是宣示年節將近的準備，壓到什麼時候才能解放？全憑外婆的感覺與累積的經驗，這是很耗時、也耗力的灶房工程。

　　廈門、漳州的新年習俗，影響著臺灣習俗，以廈門來說，祭祀祖先、神明時的春飯，要在飯上插春花，可謂是迎春。初四要迎神，初六到元宵（初十五）要祭祀天帝，祭品用牛、羊等，並且演戲劇連續三日。而漳州部分，商家在初四以前都休業，過年有給壓歲錢的習俗，禁忌方面有不說不吉利的話，也不向人借錢。吃的食物有生蒜、香腸、皮蛋及紹興酒等，初四該日迎神要準備薦盒，指的是落花生、冰砂糖、菓子及冬瓜糖等。[79]至今已融合在臺灣民間習俗裡。臺灣已有的習俗是除夕圍爐、晚間於門口掛上尾甘蔗，象徵未來一年會漸入佳境。快到元旦，雇用音樂隊進行吹春活動，貼春聯，點炮竹開春驅鬼，並以紅棗、冬瓜乾及菓子祭祀神佛，初二回娘家作客，初五店門要開張。在吳槐的〈新舊年末始行事考〉說明爆竹是除暴的用意，由來已久，唐代、宋代到清代都是如此。

　　漢唐公的母親（黃喜妹）成婚後不到六年，丈夫過世，家中男丁只有四至五歲，請示家族中的長輩（五伯公），長輩作主同意，黃喜妹在元宵節時，用春糯米做丁粄來拜神，丁粄是用紅龜粄在木托盤上疊成尖塔狀，頂端再疊放出花瓶的形狀，上插扁柏或是春花。[80]客家委員會成立以後，重新推廣客家節慶與習俗，除了男丁以外，生女孩也可以製作丁粄祭神，因此更名為新丁粄節。印證了傳統習俗會沒落卻不會消失，它會延續在現代生活裡。[81]

　　天穿日又稱補天節，傳說及日期不一，大抵以農曆正月二十日為基準，在 2010 年的《客家基本法》中的第十四條明訂全國客家日，直到 2022 年開始改以 12 月 28 日搶救母語運動為新的全國客家日。由休息生養，資源永續發展的天穿日，改為提倡學習母語的全國客家日，由於天穿日已經深入民心，客家地區沿習已久的節慶，

---

[79] 朱驕陽、三島格，〈廈門、漳州新年習俗〉，《民俗臺灣》，第 2 卷，第 1 號，通卷第 7 號，頁 14-16。
[80] 訪問林桂英，「關於黃喜妹過丁粄節的情形」，2012 年 2 月 25 日。
[81] 吳槐，〈新舊年末年始行事考(三)〉，《民俗臺灣》，第 2 卷，第 3 號，通卷第 9 號，頁 8-15。

正視時代的變遷下，空氣、土地及水等面臨到污染，地球的臭氧層破洞變薄，陸地有溫室效應及酸雨等環境保育的問題，天穿日女媧縫補破洞的上天，這傳說故事，有了現代的新意，符合客家人惜物、愛物的習慣。

在天穿日，男休耕、女不織布，放置煎餅於屋頂上，便於女媧補天，見於（明）楊慎《詞品》與東晉王嘉所撰《拾遺記》，《淵鑑類函》卷十三〈歲時部〉，古籍所談的是漢系民族的習俗，並非客家人所專有，尤以漳州人、客家人及泉州人等。例如泉州三邑和臺灣的鹿港、安平在農曆五月初五吃「煎堆」，也是紀念女媧補天的用意，因此，原來天穿日並不特屬於客家人的節慶。

日治時期在蘭陽的頭圍庄，海岸撿到一女性神像，上面銘刻來自浙江，當地人見形貌似女媧，因此之故，建一補天宮供奉之。中國以前的神話傳說是共工（水神）和祝融（火神）一向不合，生氣爭架，共工的頭觸擊天柱，天柱名為不周山，頂天的主柱斷了，山倒大地裂開，天上顯現出大洞，女媧熔煉五色石來補天上的窟窿，並借用鼈的足立天柱於四極，積蘆灰擋住洪水，這是女媧補天的方法（途方）。[82]彼時蘭陽的補天宮與客家傳統習俗關聯不大。

農曆二月三日是文昌帝君的生日，每年地方上的敬字會組織會舉辦以下的儀式，由於文字是倉頡所造，於是在鄉村、鄰里之間雇有拾字紙的工人定期撿拾，置放於字紙籠內，焚化後紙灰放入箱中，以紅紙裱貼於箱上，讀書人挑擔繞行於聖蹟亭，最後以岸邊舟運行至海上。[83]聖蹟亭（惜字亭）在客家庄為多，此儀式喻有珍惜文字用紙的習慣，於現今力行不輟。中壢聖蹟亭建於1875年，原放置於新街溪畔遷移，屬於國家三級古蹟，日治時期改建為巴洛克的裝飾。正面有「聖蹟」二字，紅磚為結構外泥敷以洗石子，聖蹟亭的爐口是勳章形，上下有鳳鳥銜書、毛筆及蝙蝠的泥塑造型。[84]龍潭聖蹟亭的興建緣，由廩生楊鳳池「邇來鄉村旅舍頑梗生徒，或以毀紙裹物，或以舊書糊壁，熙熙者任情踐踏，穰穰者隨意拋遺，何珍翰視同瓦礫，隻字等若鴻毛也·視古以字蹟投之於火，埋之於土，或化於瓶，或流於海，而一字一珠者，不有異乎？倘使後生小子能知付丙，即頑夫愚婦亦可識丁。[85]」在識字的基礎上，珍惜紙張，桃園地區目前保有六座聖蹟亭，大多於晚清時期建立。

鍾肇政的小說《魯冰花》之於臺灣文學上功不可沒，「魯冰花」英文（Lupine）的音譯，是觀賞花的用途，也可以當植物的肥料用。記載魯冰花是由平鎮茶葉試驗

[82]西緣堂，〈寺廟遊記〉，《民俗臺灣》，第2卷，第6號，通卷第12號，頁20-21。
[83]朱鋒，〈臺南年中行事記(上)〉，《民俗臺灣》，第2卷，第5號，通卷第11號，頁27-28。
[84]江坤勳，〈桃園中壢／校園的老時光日式宿舍&聖蹟亭〉，《自由時報》，2013年7月19日。
[85]韓尚平，〈臺灣之最／為了珍惜紙張才建造／聖蹟亭是最大焚紙爐〉，《民生報》，1982年10月15日。

所推廣於桃園、新竹、苗栗地區的茶園，當茶樹的肥料使用，含有輕賤的意思，是不被重視的日常花。《魯冰花》的小說寫自於 1951 年《聯合報》的長篇小說，故事發生於臺灣茶園的地區，沒有直接點出是客家庄為背景，但是小說中姐姐「茶妹」的「妹」字，代表客家庄女孩的常名。臺灣的茶園用化學肥料取代植物肥料，魯冰花的用途因此而沒落，不可否認這篇小說與客家生活場景是有相關的。於是《魯冰花》小說豐富了客家文學的內涵，與龍潭的地域茶景，桃園市客家事務局每年二至三月於龍潭區舉辦魯冰花節，大北坑社區、三和社區是茶園也是魯冰花培植地，創造地方觀光的資源。

《魯冰花》經由電影改編了兩次，1989 年及 2009 年故事與原著有細節上的不同，2006 年魯冰花在客家電視臺播出，與原著小說的故事架構接近。藉由魯冰花的花開花謝，豐富土地長出更茂盛的茶園。強調了代代相傳的傳承力量，「魯冰花正盛開。一行行的茶樹和一行行的魯冰花，形成綠黃相間的整齊圖案」茶農婦於此是手摘茶緩慢步調，褒歌滿山迴盪。這是客家人樸實、勤務的一面。小說中描述繪畫老師郭雲天：

> 獨自在茶園邊的牛車路上緩步走著。魯冰花早已謝了，被拔起來放在茶叢下，蓋上了泥土的，更是已經腐爛了；為了留種而沒拔的，也結著一隻隻豆莢，整棵整棵都呈著枯萎的的灰褐色。……魯冰花謝了，留下一粒粒種籽，明年又會開出一片黃色花朵點綴人間；而在這一開一謝之間，使茶園得到肥份。然而，人世間的可貴的天才之花謝了，到底會留下一點什麼呢？

作家鍾肇政於此將小說作結，由此發想我們誰不是懷才不遇的古阿明？在小說中「古阿明」代表的是不被世俗所認同的小畫家，通過世界繪畫比賽才發光發熱。在現實中「古阿明」是平凡的我們，在求學的過程並不亮眼，彷彿是塊樸玉，像是路邊的尋常花。「獲不獲獎不能完全的否定一個人的存在和能力」，魯冰花本是黃色的小花，種於茶樹，花謝後肥沃土地，留下一粒粒種籽，明年又會開花；開謝，茶園得到肥份。作家鍾肇政曾說「我心中唯有文學，臺灣文學而已。」古阿明也是心中唯有繪畫，一份成就自己的真摯情感是「古阿明」符號的意義。在客家作家鍾肇政的故鄉龍潭舉辦地方性的魯冰花節，有歌頌文學的意義。

客家俗稱的「五月節」是農曆五月五日端午節，家門口會用紅紙包紮艾草及榕樹、菖蒲等掛置於門上，俚諺說明「插榕勇龍、插艾強健」，[86]等避邪的作用。高中以前，每逢佳節母親與五位姊妹都會回外婆老屋合力做應景的年糕、粽子等。客家粽有粄粽、米粽及冰涼沾黑糖吃的鹹粽。鹹粽、粄粽不須沾醬料，打開葉子直接吃。

---

[86] 海島洋人，〈五月節〉，《民俗臺灣》，第 3 卷，第 9 號，通卷第 27 號，頁 23。

這應該是節儉的作法。省去醬料，方便於田埂邊，農閒時享用。粄粽是糯米粉加水揉成糯米糰，內餡的部分通常是蘿蔔乾、少許的肉料及香菇之類的。樸實的香料，內餡的料不多，剛好飽腹。我記得瓦房的灶下，暫時豎立起長竹竿，掛滿六位阿姨及三位舅舅共九個家庭要吃的粽子。竹竿中段處被壓得沉甸甸。粽子是陰暗灶下的飽滿，如串串果實。吃過外婆的年糕、菜包及粽子長大的，很難忘記那札實的口感。至今人間未嘗到相同的美味，只存在味蕾的記憶中。

唯一一次學包客家粽，是高中放學後，廚房的母親教我包生米加炒料（內餡），然後用月桃葉折成立面體粽形，以棉線綁成串。我的書包才放下，還穿著校服，生澀地折葉子造型，棉線不好綁，總是鬆垮地騰空掛著。一轉身，剛綁的粽子掉在地上，我惋惜地叫了一聲，廚房忙著的母親一回頭直用客語罵「當打送！」（很浪費的意思），隨即第二粒粽子又掉了，直到第三顆，我在等粽子鬆落，竟用雙手接住了。我克服了問題，同時也很清楚自己的能耐。那年只要是我包的粽子，都是死結。家人吃的時候要用剪刀剪開棉線結。結婚後才發現閩南粽與客家粽作法差很多。嫁到臺南的妹妹，寄來臺南粽才是貴氣，料貴飽滿，熱量高。客家粽就像客家人，樸實無華的人文精神，總會想起外婆摘了好多月桃葉輕柔地刷洗乾淨，那月桃葉承滿新鮮脆綠的暑氣。送到下屋給妯娌，說我幫您備妥了葉子。下回又換下屋妯娌送給外婆菜包之類的。家族分食共享人間情，我在這樣的送往迎來的氛圍長大，彼此交換的都是尋常物。端午佳節來了，白蛇女素貞與雷峰塔的故事應景，愛國詩人屈原憂鬱的形象，在《離騷》裡傳世。二十一世紀，網路科技化的時代，4C 產品及互聯網互通資訊的交流，把地球拉平了。傳統倫理已成數位新倫理時代，傳統佳節仍是人類的民俗文化資產。

臺灣的義民廟約有五十座以上分香廟，設立於客家區域，僅有少數由閩南庄膜拜，新竹縣新埔鎮褒忠義民廟是臺灣的義民主廟，是北臺灣客家人信仰中心，文化部指定義民祭為全國第十六個、也是客家族群的民俗文化資產。[87]新埔義民廟設立於清乾隆 55 年（1790），超過兩百年的歷史，同時它是縣定古蹟。義民節祭典在廟前豎起竹製的燈篙，農曆七月二十日（日治時期記載農曆七月十三日）廟前廣場擺設各地進獻的神豬與祭品，客家八音、戲棚、八家將等共襄盛典，燃放鬼神，水燈，奉飯、中元法會科儀、放水燈、吃糖粥等習俗。義民節祭典由清道光十五年（1835）開始，目前祭典由新竹、桃園等十五大聯庄（原為十三聯庄）祭典區輪流舉辦，配合工商社會，延續傳統輪值的制度，保存祭典儀式，經由民間社群與組織的凝聚力，再生創建成為民間自發的力量，也成為客家庄重要的在地文化資源。

---

[87]林麒瑋，〈傳承 180 年義民祭指定重要民俗〉，《聯合報》，2015 年 9 月 2 日。

　　義民祭是文化部指定的國家重要民俗，同時也是客家族群的第一項重要指定文化資產，更強化了義民節於客家族群意識。歷史演化中，紀念保鄉衛土的義民，乾隆51年（1876）林爽文事件是指臺灣府知府取締天地會組織的一連串紛爭與效應。六張犁的林家庄組成義民軍保護鄉里，也與竹塹的閩籍義軍共同收復竹塹，之後兩軍又與平埔族義軍南下協助清軍平亂。相傳當時將義軍遺骸放在牛車運回時，牛在新埔枋寮停留不前，焚香禱告後擲筊，經地主同意決議將義軍遺骸葬於義民廟後方大塚，並經風水地理勘驗，之後的蔡牽事件、張丙事件，甚至是日治時期出戰的臺籍兵，「是漳、泉、粵、『番』四種族群都有，但後來卻成爲客家族群特定的族群標籤及圖騰」[88]，基本上和客家平素練拳、驍勇善墾有關保衛家族的人都屬於義民。義民廟剛開始是由「首事」負責，道光15年（1835）後，廟務改由粵籍客庄經理人進行輪值，[89]乾隆賜頒御題「褒忠」二字，義民廟逐漸由竹塹區的宗教信仰中心，逐漸演變爲客家人認同的象徵。

　　因爲信仰的關係，在地的民間團體自主輪庄，蔚成一股在地的向心力，再加上客委會及當地政府文化局的重視，義民祭已列爲「客庄十二大節慶」之一，能夠成爲地方創生的永續力量。2012年義民祭典的神豬約爲四十頭，2016年的義民祭典已降爲不到二十頭，其原因在於神豬的龐大體積來自不停地餵食，一股環境保育的力量興起，影響到有些學者檢討義民祭的神豬飼養到宰殺的過程，降低了人飼養神豬的意願，讓社會反思。於是，文化創意豬的逐漸興起，提供更爲多元的人文創意。

　　一旦豬仔被選中是神豬，牠便注定是體型容易臃腫，最後可能是四肢撐不起牠的身體，眼皮抬不起來探看人們，四周的電風扇呼呼地吹著，義民祭是在農曆七月十八至二十日，暑氣正熱。客家輪庄請客，臺灣五十座以上分廟都成了地方的主角，以前家家戶戶宰豬供奉，如今是地方有心人出資，一臺臺的神豬、羊架裝在發財車上，妝扮一番來到義民總廟廟前廣場，供饗於義民爺，這傳統在日治時期仍舊記載，義民廟會施粥給大眾，糯米加黑砂糖煮成粥，裝於甕中，參拜者食之身體健康、一家平安，也可供人攜回給家人食用，[90]此儀式仍存於今日，或者改爲炒米粉等食材。[91]當環保的意識抬頭，創意神豬逐漸取代了傳統神豬，用米粉堆疊、用紙或布裝扮成、用水果砌成，這些都是人們的巧思與心意。

　　不變的是節慶的本身，對義民的尊敬，對歷史的慎終追遠，虔誠地祈福。蒸年糕是項工程，每回過節前，昏暗的灶下總會架起木製四方形的蒸籠，蒸籠底用竹條

[88] 孫連成，〈有關清代臺灣義民研究探析〉，《歷史教育》，第16期，2010年6月，頁137。
[89] 賴玉玲，《褒忠亭義民爺信仰與地方社會發展：以楊梅聯庄爲例》（新竹：新竹縣文化局，2005）。
[90] 余氏李英，〈義民廟の粥〉，《民俗臺灣》，第3卷，第4號，通卷第22號，頁46。
[91] 朱峰，〈臺南年中行事記(上)〉，《民俗臺灣》，第2卷，第5號，通卷第11號，頁28。

編織成版面，粿粉摻和著砂糖、紅豆或綠豆，放進蒸籠去蒸，木製方鍋一掀開，蒸氣急忙竄出，一時之間遮蔽了外婆的臉，灶間的蒸氣消失於無形，牆上的灶王爺又燻紅了臉。偌大的年糕像是操場大的美食。

年紀漸增，客家美食成了地方文化創意產業的一部分，社會富裕之際，在街上隨時可以買到農業時代年節才會出現的年糕，農家必備的炊具－木製蒸籠已在農具博物館成為文物。昏暗的灶間於天井斜進一方陽光，年幼時常仰望，藍天浮雲緩緩流過，春節依序到來，一樣是過年，一樣是年糕，瓦房與外婆都走了。

軟口的年糕是灶和火結合的產物，日文中「一戶」，是指家庭，而「一口灶」是指一家人，顯見同「灶」吃飯，便是家人的代名詞。

筆者就讀小學前，離開了寄居的外婆家，回到原生家庭上學，升學的壓力填滿了年少，記憶中不曾用心陪她聊聊，不曾細看外婆滄桑的臉，直到高中畢業那年

圖19.米苔目點心／作者提供

（1986），在大學聯考升學率只在23％的年代裡，落榜並不意外。母親建議心情低落的我回去童年居住的外婆家散心，特地交代弟弟（吳欣翰）陪同前往。那一晚鄉間合院低矮的瓦房，灶下有昏暗的黃燈，外婆一邊說些再接再厲的話，一邊不斷地夾了剛煮的白斬雞到碗裡，我低頭不語，眼淚滴入有七塊雞肉的碗裡，她心疼了我的挫折，用七塊雞肉替代了她的擁抱。爾後，人生遭遇的許多挫折，我都會想起那碗七塊肉像山高的毅力與勇氣。

田唇邊的點心時間是三餐以外的美食，外婆用扁擔扛上放有點心的謝籃，於竹林陰涼處候著，讓佃工歇息享用，（圖19）沒有桌椅席地而坐，謝籃內拿出瓷碗與筷子，發出清脆的碰撞聲，米苔目這項點心很像客家人大方的性格，甜鹹兩相宜，爽口不撐

肚，休息片刻，便能繼續下田耕作。[92]不久，螞蟻便來探看這些碗殘存的美味。點心，是地主的心意，感謝幫工幫忙農事，他日地主也會是其他家的幫工，互相幫忙收割是替對方歡喜豐收，給予最大的祝福與同情。客家庄重視的資產不是財富，而是給予對方最適時的幫助。

鄉間的柑仔店掌管著孩子所有的渴望與味蕾，只要五角便一個籤，籤紙捻一捻，用指甲揭開，逢雙號便是中獎，換來一支冰棒的快樂。母親讓我們孩童在柑仔店賒帳，孩子拿了零食，老闆登記在吳家的欠賬簿，月底母親再統統結帳。鄰里之間的信任，是互助會的基礎，孩童解饞天堂的鑰匙。

便利超商店提供了眾多的零食與正餐，甚至它還是冰店、飲料店及廁所，它也是二十四小時的郵局。柑仔店賒帳的便利與鄰里的「交關」[93]是不存在的，因為「便利」即意味著交易迅速，符合工商時代的快節奏。柑仔店可以賒帳，便利超商可以累計積分點數來換物品，鼓勵用電子系統來結帳，使用鈔票購物的世代可能過時了。早期的柑仔店將寫過的習字簿摺成三角袋，打開罐裝的醃漬物，一顆顆地夾出，一公克慢慢地秤，紙袋、減塑是現代環保的精神象徵。農業社會：那是一個少垃圾的年代，現在是個垃圾不落地的年代。拜完神明的糖果、餅乾，外婆總視為珍品，客人來訪邀請客人享用，於是她在她的紅眠床旁，屋脊吊掛一根鐵絲，那是塗滿黑油的鐵絲，末端有鉤子，勾住一個竹編小謝籃，黑油是防止螞蟻搬運謝籃內的餅乾、糖果，仰望那小小的謝籃，裡面似乎裝得下一間雜貨店，充滿了各式各樣甜品的想像，誘惑著味蕾。每回我忍不住食慾時，央請外婆拿下來給我享用，她不曾拒絕過我，到後來只要我說想吃餅乾，她都讓我自己拿個圓板凳，墊高去拿。很多年後，我與表妹（林燕如）提起此事，她也有同樣的感受，相同的經歷，外婆總會偷塞零食給她獨享。外婆是什麼？她永遠讓人回想起來，你在她眼中是如此的珍寶，無論內孫或外孫。

---

[92] 川原瑞源，〈油烹と熱油（下）〉，《民俗臺灣》，第 3 卷，第 5 號，通卷第 23 號，頁 40。
[93] 客語「交關」是指買生意的往來接洽或是指朋友之間的情誼。

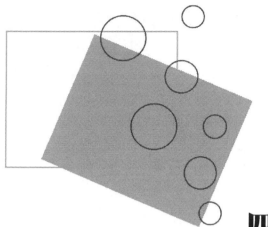

四、她們是轉不停的陀螺

導讀

林曾二妹用扁擔扛裁縫機的背影，在日頭烈烈下戴著笠麻巍巍顫顫地前進，背在滲汗，透過衣服流下，母親（林桂英）寫給她母親的悼念文，比起作家朱自清寫的父親〈背影〉一文更為深刻，因為是母與女一步步同扛裁縫機轉屋下。

　　表妹（林燕如）曾提起外婆會拾起掉落在曬穀場的飯粒，外婆使用衛生紙時，總是撕一角來使用，苦了自己，對他人總是大方。「一粥一飯，當思來處不易。自奉必須儉約，宴客切勿留連。[94]」去他人家作客，「切勿留連」，適度的節約與克己復禮，為人的根本，幼年曾隨外婆回她的娘家過喜慶，她沉靜於一旁默默做事，我也靜靜地凝視著。客家人對於無節度的事情並不認同，強調保守節約的致富之道。父親（吳明光）曾為存錢，三年沒有購買新衣褲，逐日小存，在三年後完成存錢的目標，漢唐公日食半顆蛋的習慣，就是堅持儉樸的生活。

　　以前的人只有在人生重要的時刻才會拍照。例如長輩作壽、婚喪禮慶、孫輩滿堂等，看見團體照便能明白昔日人將最好看的衣服都穿在身上，有些是制服、有些是布衫、大衣，衣著是看得出輩分與倫理，人的姿態與手勢看得出他們的性格，也以「今日的他們」來對照照片中長者的童年。提醒我們，再偉大的人都曾經是孩子。母親的堂姊、妹與姑婆們，見證了母親的童年與婚禮，生命軸離不開家族的軸心，在每個重要時刻不辭千里都會相聚，隨著長者一一的逝去，開枝散葉的家族樹，終將觸及屋頂，面臨到分枝（分家）的命運。久未連絡便成下一代的不識，「少小離家老大回，鄉音無改鬢毛催。兒童相見不相識，笑問客從何處來。」鄉音，是同族人的見證。

　　黃完妹是漢唐公的妻子，娘家是由桃園市的觀音區遷至平鎮區，與婆婆黃喜妹一樣是閩南人，不識字，對書房教師林漢唐懂得知識十分敬重，是家中長女，善於刺繡，黃完妹這一家的男丁，從曾祖父以來都善於竹編技藝，認為有一技之長不致貧窮，每回繡字時總要拜託教師幫忙，用毛筆寫字到紙上，才能繡上字。她總惋惜自己不識字，她的父親說時局不好，清兵來了，又換了日軍，查某囝早點出嫁比較安心。於是，在林漢唐母親看過人之後，女方父親作主將十四歲的黃完妹嫁到草湳坡林家二兒子（林漢唐），在婚約上女方家長期望能跟隨林漢唐的書房讀兩年書，這樣繡花的時候不需仰賴人幫忙寫字了[95]。

　　大姑婆（林彩妹）嫁給臺北萬華區的木工，閩南人，是從事木工的工匠，在乾隆年間臺灣已有木工維生的人，木匠又稱作「木司阜」。[96]《林氏族譜》少有登記女性全名，登記女性名字的規矩，如招贅夫，某支派二十世，「盡妹，招夫劉春發，生長女秋嬌。」沒有男丁，其女秋嬌與母親同樣的命運，招夫，生長子錦炫延續母姓

[94] 朱柏廬，女宜張氏編譯，《朱子家訓》，頁 2-3。
[95] 林彰揚，〈平鎮區黃完妹婚配林漢唐舊事〉家書，2013 年 5 月 12 日。
[96] 李建緯，《入木的刻刀：重要鑿花技術保存者李秉圭》（臺中：文化部文化資產局，2017）。

的香脈[97]。同樣作法見於《林氏族譜》某支派「桂英，招夫，生長子濟民。[98]」這類繼承香火的作法招贅夫卻逐漸消失，一方面是社會價值觀的變遷，大陸因人口眾多，推行一胎化政策的影響，改變了許多人舊有的價值觀，例如一胎化政策下的獨生子女，過年則回各人家中過年，傳統的節日面臨到反轉的世代，男女平權的觀念也逐漸獲得重視。南投有一女姓友人，母親招贅夫，共生二女一男，女兒均隨父親卓姓，男孩隨母親葉姓，母親的妹妹稱姊夫為「哥哥」，1997 年卓父過世，女性友人在離緣之際，將其子改為隨母親卓姓，以圓滿父親生前斷香火的遺憾。這類招婿夫的作法，在舊式社會是不得已而為之，或是家中男丁旺，讓出給其他家庭，當結婚的本質有利益的條件說，可能會影響夫妻的感情，損及男性尊嚴，或是影響家中子女的婚姻觀。並且子女認為生男勝過生女，從而看輕自己身為女性的價值。

　　林家下屋是漢安公支派，其中四房只生三女無子，父親的田產無人繼承，其中二女兒生三子，與夫商量過繼二子延續父親林家四房的支脈，將女兒過繼之子立為嗣子，並列入族譜，四房的父親再婚，二婚妻子帶來外姓的孩子改為林姓，入祖譜名為彰字輩，成年後到韓國留學，不久因為癌症去世，也列入四房的族譜內。在農業社會罹患癌症的人，面對醫學的不發達，只能以中藥草敷於潰爛的傷口，服用民間藥方熬製的湯藥。[99]正因為客家人重視子嗣傳承，林漢唐生三子，體弱多病的獨子林維均（1914-1993）存活，二子維耀與三子維軒幼別世，於是作主透過中間人介紹於中壢宋屋祖屋地，將宋家五歲的宋縠昌（1912-1997）過繼為螟蛉子，年長親子維均兩歲，因此之故排行長子，改姓不改名，族譜按輩分取名為維球公。維球公其妻邱良妹，謚勤柔，生四子，其中一子發育不良有先天的智能問題，每回我在異鄉見到類似的傻子，總會想起農業社會以中醫為主，西醫甚少，攸關人命的病情，看病由命的不得已。日治時期臺灣作家還把這類人寫成鄉間奇特人的故事。林家下屋有一子叫阿訊，生來便是軟骨症，他整日坐在藤椅上，看著門外的風景，人來人往，很習慣忽視他的存在，由於他只能如嬰兒蜷居於竹椅上，脖子環繞一塊舊布，方便餵食不沾髒衣服的用處，他的尿漏到藤椅的下方，下方處展開四角塑膠布，尿量達到一定時，塑膠布會形成弧狀的沉重，代表有多久的時間，沒有人重視不能自理的他，去幫他清理，側身經過他的旁邊，走出門口，他嗚嗚地發音，無法得知想說些甚麼？門外有株很美的梨樹，樹身是灰白的橫斑紋，春季來時會結果實，鄉下的孩子沒有零食，會搶摘野果來吃，梨樹主人特地養了一隻狼犬，站立於石上平坦處，

[97] 林彰偉存，《林氏族譜》，頁 249 及頁 256。後者招夫未列姓名進入族譜，只列出長子錦炫，可能有二子等人繼承男方香火，回歸男方的族譜。

[98] 林彰偉存，《林氏族譜》，頁 426。

[99] 林彰偉存，《林氏族譜》，頁 530 及頁 533。及林彰揚，〈年輕罹癌的生命〉家書，2015 年 12 月 5 日。

逢人便六親不認地狂吠，甚至作出撲向你的躍身動作，在撲向你的當時，有限長度的狗鏈即時拉回狂犬，我想軟骨症的阿訊坐在那，看盡所有人都被兇猛的狼犬咆嘯，與常人無視他的存在形成強烈的對比。母親（林桂英）說阿訊的智力沒有問題，只是軟骨症。說明他可以透過教育練習說話，很可惜在大多正常人都無法受教育的時代裡，怎會輪到身體有恙、無法耕作的阿訊去課堂上學習。沒有人了解他在想什麼？阿訊來世二十年，如曇花一現，如同卡夫卡（Franz Kafka）的《變蟲記》（Die Verwandlung），在清醒中明白人非人的處境以及異化的省思。

不只生育的問題會影響到婚姻裡夫妻的相處，婆媳問題也十分重視，下屋一子婚配後，因周氏做家事手腳不靈活，客語稱為「很泥」或「泥濃」，意喻人如同泥團一樣無用。因此之故，婆婆作主離緣，再娶二妻，立承嗣子（林彰昇）。翻閱《吳氏族譜》察覺因離緣，返回娘家居住的女性，大約在一年之間便再次出嫁，至此無法查到她們的戶籍記錄，無法得知為何離緣過的女子普遍於一年之內再婚？也許是娘家怕人說閒話，影響家譽。也可能原生家庭兄弟姑嫂的排擠，或者是遵從某方面的習俗或是媒人說親，在一年內很快的二婚，於原生家庭去除戶籍。五十年前，女子條件不佳而要求聘金過多，是會被人說話，太晚嫁出去也是會被說講，女方要求的聘金多寡都會成為攀比的條件，忘了「嫁女擇佳婿，毋索重聘[100]」的道理。此外一些陋習值得現代人省思。「女大不要留，留下結冤仇」、「女孩是賠錢貨」、「好女吃不得兩家茶」、「嫁雞隨雞，嫁狗隨狗」、「初嫁從親，再嫁由身」、「嫁漢跟漢，穿衣吃飯。」等。[101]甚至孕婦夢到番石榴，則會生女兒。[102]這些俗諺與古老的觀念，因應時代的改變，女性地位的抬頭，有必要進行反思。

下屋維埔公的妻子翁氏集妹與外婆林曾二妹同為童養媳的身分嫁到林家，家鄉都來自於龍潭，同鄉情誼，感情特好。五月節來臨，會互相幫忙摘洗月桃葉給對方，方便包粽子，「見貧苦親鄰，須多溫恤。刻薄成家，理無久享。[103]」外婆極為能幹，能夠照顧豬仔、鴨雞等，萬一沒有食物，會去摘湖裡容易生長的布袋蓮，讓家禽食用，並且同時幫忙照顧女兒、兒子的小孩，不分外孫或內孫，在外婆家的孫子永遠是睡到自然醒，早餐的荷包蛋偶爾邊緣有些焦，中間有流汁的生蛋黃，是雙重的口感。為了款待遠來的子孫，削好水果給妳時，是整個水果毫無保留地放在妳手上，照例會有些果皮的殘留，很清楚地明白，她的家事過多，她要一項項做完，她是忙的，日子並不從容。

---

[100] 朱柏盧，女宜張氏編譯，《朱子家訓》，頁 13。
[101] 香坂順一，〈支那の民諺（一）〉，《民俗臺灣》，第 4 卷，第 2 號，通卷第 32 號，頁 18。
[102] 吳尊賢，〈北門郡地方に於ける俗信〉，《民俗臺灣》，第 2 卷，第 5 號，通卷第 11 號，頁 60。
[103] 朱柏盧，女宜張氏編譯，《朱子家訓》，頁 9-10。

　　大阿姨（林桃妹）結婚時二十三歲，嫁到埔心街上的布店，還要照顧茶園的點心與餐飯等辛苦事，她的長子（黃東政）與外婆的屘子（林彰偉）是同年，大女兒回娘家與母親談心事，末了，母親總一邊送她，一邊陪她走一段路，然後再折返家。我記得國小時，大阿姨手頭沒有太多錢，過年了，她還是包了紅包給我們三姊妹，這件事印象深刻，她教會我一個道理，做長輩的，無論有沒有錢不要失禮。

　　母親（林桂英）於 1952-55 年楊梅初中（現今國中）畢業，學校為擴建學校利用第七節課的時間，以自力建校的精神，創建楊梅中學，動員師生搬石頭、搬磚，才將楊梅初中後山區（貴山）的校址蓋起來，當時母親、大舅與父親（吳明光）皆同校，都經歷過第七節課勞動的洗禮，這事跡在現今的楊梅故事館裡記載，是「客家人胼手胝足、團結合作、尊崇文教的精神」體現。[104]1955-58 年母親（林桂英）於公立楊梅高中全校第一名畢業，代表畢業生領取畢業證書。認真讀書是因為可以申請獎學金，改善家計，也是窮孩子唯一的出路，這樣的環境有個重視教育的母親（林曾二妹）支持著子女。母親（林桂英）記得家中重視教育的事，用四縣腔的客語道出記事：

> 九個子女讀書註冊是很大的負擔，外婆從來不會講家裡莫錢，不要讀書，每回註冊日到了，錢永久不夠，外婆就去上家、下屋備錢等頭家來捉雞、捉豬仔還債，外公（林維均）雖然當惜子女，伊嫌田事苦不願做，去埔心街上學人做生意，賣過石炭、飼料，最後開中藥店。伊一生為人大方，少有錢賺，苦事統統外婆來做，上山要採茶，下山要種田，每日做田事像 KIRO（陀螺）轉不停。

> 記得我讀初中時，老師講家政課要學裁縫，我們家沒有縫紉機可以學，外婆同阿公（林漢唐）拿錢，我們帶著錢和扁擔從埔心行到中壢買縫紉機，又扛著縫紉機，沿路走回來，日頭烈烈外婆扛頭前，我看到矮小的她戴著笠嫲背流汗，看在眼底非常心疼，日頭很毒，我們母女一步步扛轉來，因為這是我要學的東西，外婆認為教育很重要。[105]

　　外婆（林曾二妹）用扁擔扛縫紉機的背影，在日頭烈烈下戴著笠嫲巍巍顫顫地走著，汗濕透了背，也溼透了衣服，母親（林桂英）寫給她母親的悼念文，比起作家朱自清寫他父親的〈背影〉[106]一文更為深刻，因為是母女合力一步步扛著縫紉機，

---

[104]1948 年，創辦國中的校長張芳杰，利用每日的第七堂課，邀集師生到溪流搬石頭，或到楊梅火車站搬磚塊來建校，集結學校的力量發揮愚公的精神。參見客家委員會網站〈楊梅故事園區動工‧發揚「第七堂課」精神〉https://www.hakka.gov.tw/Content/Content?NodeID=34&PageID=38149，檢閱日期：2022 年 7 月 4 日。

[105]林桂英，〈給林曾二妹的悼念文〉，2010 年 5 月 4 日。

[106]朱自清，《朱自清散文》（北京：三辰影庫音像，2002），頁 70-72。

由中壢轉到埔心的屋下。

　　1959-62 年母親離鄉到都市，就讀於國立臺北護專，申請到清寒獎學金，獎學金名額全校只有兩名，十分競爭。1962-65 三年期間，擔任紅十字會全臺灣的巡迴講員，宣導衛生教育的重要，以及節育觀念的重要，「兩個孩子恰恰好！」的口號。公立楊梅中學是當年鎮上唯一的中學，創辦人張芳杰校長穿著西裝與皮鞋，走了四十分鐘以上的路程，邁入梅溪里外婆家的田埂時，露珠沾濕了他的褲管，而大舅正與漢唐公在田裡堆肥，張校長是想邀請母親（林桂英）去當教師，大舅（林彰揚）說那時校長的地位是非常尊崇的。這是農業社會轉型到工業社會之際，對受教育女性在職場表現的重視，而今楊梅故事館[107]的所在地便是昔日張芳杰校長的學校宿舍，也是楊梅故事園區的重鎮。60 年代正式初中教師的薪水是 600 元臺幣，對於家庭生計不無小補。1965 年 8 月母親（林桂英）正式進入楊梅國中教書，教授生物、健教及物理等課程。1968 年啓明中學正名爲國立楊梅高中，母親申請至梅高任教一年。知識，改變了母親的命運。

　　一日大舅與鄰家孩子受大人之命，去邀請楊梅高山頂的二姑婆回娘家作客，好不容易找到了二姑婆的婆家，說明來意後，不一會二姑婆便輕裝簡樸地上路，「穿著一身灰色，布鞋，手裡提著一個用方巾布打好的包袱。」看到家田時，會詢問目前農事的進度，操客語問「該位搜草了沒？」潛意識裡她仍然認爲自己是林家人。外婆家中沒什麼好招待的菜餚，殺了剛長出粗翅的鴨子來做菜。[108]二姑婆的行徑，凸顯了客家女性的許多特質，不會穿過於華麗的衣服也不妝扮抹胭脂，懂得看天時要趕路，經過自己娘家的田地，仍會關懷家裡田事，而外婆秉持著好客的精神，不吝惜拿出家中最好的食材招待客人。

　　客家女性即使結了婚，對於娘家仍然有很深的責任感，五阿姨（林惠姬）、堂姊（吳美春）便是如此。五阿姨結了婚仍趁著假日回娘家，幫忙曬穀，甚至多住一天幫忙，隔天直接趕到上班的地方，堂姊（吳美春）在出嫁前夕，將存款十二萬元全數留給娘家。三阿姨（林美妦）年輕時用扁擔挑著東西，幾乎跑了一段路，於路旁放下扁擔，再回頭去幫外婆挑擔。三阿姨說捨不得自己母親受苦。傳統漢人的婚姻制度是出嫁的女兒要放下娘家親人，跟隨丈夫居住著，以丈夫的親人爲親人。如今男女平權的觀念逐漸成熟，舊時的觀念也跟著改變，反映臺灣的社會給予女性更多

---

[107] 楊梅故事館地址是桃園市楊梅區校前路 49 號，圍繞著張芳杰校長故居，成為楊梅故事園區。它位於楊梅區校前路及中山路 125 巷的交會處，右側為桃園市立圖書館紅梅分館，左側為步道。有引導的導覽作用。張校長故居在 2012 年登錄為歷史建築，2019 年完成修復再利用的工程，同時也砍伐了故居數棵高大的尤加利樹。

[108] 林彰揚，〈出遠門尋親記〉，家書，2014 年 6 月 1 日。

的自主空間與包容力。

外婆的床是紅眠床，凡是她帶大的孫子女，都與她同眠，那是 1933 年的婚床，有很多年的歷史，即使曾有過圖案也泯滅難辨，床頂是一格格的木框，睡不著的晚上凝視過許多次，外婆總用她的雙腿夾著我，抱著我用親切的客語說頭拜（從前）的事情，談及父親的事情居多，我記得她說了很多，讓我睡前有種溫暖的懷抱感受，而表妹（林燕如）則說外婆睡前只講虎姑婆的故事，每晚都如此，她也照樣聆聽。事過半世紀，回想起來一位童養媳會對孩子講睡前故事，她會關照他人，了解人的心理，更重要的是她懂得與人溝通，在臺灣 60-70 年代農業社會的鄉下，沒有社交、整日跪在土地奮鬥的女性，竟然明白生活環境與教育對人的重要。

伙房的眠床有時是通鋪，可以容納睡下許多的客人。於是眠床下的空間通常擺放請客的大碗，也用來放豐碩的冬瓜，一條條巨胖的冬瓜躺在眠床下，十分壯觀。童年換牙時，母親（林桂英）會說落下的幼齒要知會牙仙。如果是上排的牙齒，要丟到屋頂，如果是下排的幼牙，要扔到床底。於是，無論是屋頂或床下都有我的幼牙。

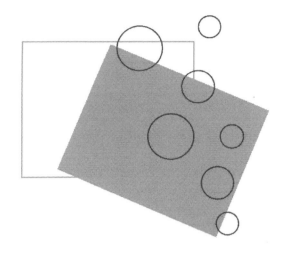

五、族譜上的傳人

導讀

一次母親告訴我,她在十二歲時便見過父親,當時父親十歲,祖父(吳阿賢)是靠勤儉起家,一點一點地購置田產,早年是租賃田地來耕作,水田位於遠方,需要1-2小時的腳程,往往要動用全家大小持耕具、農具前往耕作,必定會經過埔心梅溪里外婆家附近,當地的孩子見一群外人路過,衣衫破舊,齊喊:「乞丐、乞丐⋯⋯」,聞至此,我問母親當時她在做甚麼?母親說她沒有跟著孩童喊,只是凝視著那家的人們。

　　貧窮，會限制人追求夢想，在講究評比的社會裡，會增加人的自卑感與自尊心，如果體會到追尋夢想是重要的，又要改善家計，則必須比其他人更吃苦及更節省，也明白現實社會的困境，想辦法找出自己的出路。這就是客家人比較重視勤耕雨讀的生活習慣，認為一旦考取功名，能夠改變整個家族的命運。在貧困時，最尷尬的是每回填寫「家庭調查表」，家境一欄要填小康或是貧窮？大舅（林彰揚）曾說過外婆家窮得不是家徒四壁，而是一貧如洗，全家人都能夠練就一身無欲則剛的生活態度，半個月不用花一毛錢的節省。

　　母親回憶起有時外婆會喚年少的她一同去茶園摘茶，日頭大、茶園也大，摘著、摘著抱怨地說：「兄弟妹按多，為何家裡的事都有我一份？」外婆說有麼該辦法！又言「妳投胎時，沒有事先摸蚊帳（探底），蚊帳摸起來是硬硬的不是綢緞做的，妳就不應該投胎到倕這邊。」母親生氣地回話「我投胎時，家裡窮到沒有蚊帳可以摸」。這段母女倆關於貧窮招致不幸命運的對話，母親還記得。[109]

　　念書念到深夜，漢唐公都會叮囑煤油燈勿點太亮，以免燈芯燃燒太快，增加家用的負擔，漢唐公說「吾家油盞火，油煙大且危險，勢不奈如之何。[110]」由節儉的角度來看，似乎點燈勤於讀書是花費油燈錢，未必是好事。之後能明白新聞曾報導窮人家小孩於公用路燈下寫功課的窘境。然而，大舅（林彰揚）因為家中沒有錢買圓規，大學聯考的考場上一題幾何數學，無圓規來解題，臺灣大學就這麼失之交臂，考到了第二志願（中興大學）。這是很大的遺憾，大舅很少提及，提及時又不經意地說出這遺憾，我曾因此事與母親（林桂英）討論，母親說這是命運使然。一次校內投票選舉代表，母親教在場的同仁每人起碼要投自己一票，萬一有人棄權，自己便有機率被選上代表。而大舅因為沒有圓規，聯考便沒有考上臺灣大學。這件事，為什麼母親說是命運使然？母親用她的人生經驗去解釋何謂得與失？母親繼續解釋。曾有位老師在年少時該日要小考，他沒有準備，只有在公車空檔，偷看其他同學正在讀的內容，沒想到考題五題，竟然看到了三題的解答法，因此考試合格。如果大舅真的有臺大的命運，則不會出現該項考題才是。

　　那次大舅（林彰揚）私心認為聯考的頭一天，在臺北考場考得不甚理想，第二天想放棄不去應考，母親訓斥他不應放棄每個機會。逐漸明白母親的得失論，人往往難過的是應該考得上卻落榜。如此想來，人生的挫折大抵都是如此，原來在極為貧窮的時代，客家人學會的是豁達。漢唐公的書房教學收費極為低廉，也允許貧窮學生以物換取上課學習，方便了許多底層貧窮又有需要的人來學習，而日常的吃穿

---

[109] 訪問林桂英，「茶園裡採茶的往事」，2013 年 9 月 14 日。
[110] 吳嘉陵、吳嘉梓，《走過時代的典範：客家私塾教師林漢唐之研究》，頁 55。

用度則盡可能簡單，如此會減少很多因為慾望而產生的煩惱。

貧窮，之於中興大學會計系畢業的父親（吳明光），他的一生不是投資如何增財，而是透過節約的方式達到一定的儲蓄目標。漢唐公每回請客完，家中飯菜必簡約一段時間，以此補回請客時的開支。大舅在臺中市中興大學念書時，為了節省車資，假期沒有回家，肚子餓了就將家中帶來的年糕切片吃，三餐以此裹腹，長期下來有了胃疾。而少年的母親也會借用小學三年級大舅的名字投稿到《小學生》刊物，以此換取綿薄的稿費，母親寫的詩是：「黎明的星星，趕走了黑夜，喔喔的雞啼聲，拉開了朦朧的晨幕。[111]」而祖父（漢唐公）曾以外地來的唐山客教授中藥加柿子調配成水，裝入玻璃罐，置放在陰涼處保存，有助於緩解燙傷的療效，曾經申請專利，期望能貼補家用，可惜未通過。

貧窮時，鄰長會通知大家去附近的天主教會，領取奶粉、麵粉和玉米粉，奶粉黃而香郁，是少有人品嘗過的口味。小時在住家的巷弄裡，載滿肥皂的貨車開來，家家戶戶只要家中有空的肥皂紙盒，便可以換取同等數量的肥皂，也有走水販定期來換些日常藥及保養品，例如胃散、綠油精之類，也有來收回收物，論斤兩換錢，它們再賣給中盤商獲取差額的利潤，國小同學的父親就是收回收物的，她的家總是堆滿了回收品，習以為常，並不覺得凌亂，當時政府推廣「客廳即工廠」的代工政策，家家戶戶不是手串聖誕節的燈泡，便是加工織縫毛衣的圖案，或是替火柴工廠的火柴盒裝滿火柴，……這些廉價、簡單的手工品一時之間在鄉村散開，唯獨我們家沒有，曾問母親為甚麼不接一些代工品來製作？母親生氣地說：「去讀書！」這三個字當時並不明白，很多年後才知道一寸光陰一寸金，寸金難買寸光陰的道理。

貧窮，讓一位父親送走兩個女兒給人當童養媳，他的小女兒（林甜妹）給人當童養媳，她與外婆大女兒（林桃妹）同年紀，林甜妹是姑姑[112]，林桃妹是侄女。自幼小便出養，大舅（林彰揚）回憶十七歲的林甜妹回娘家，梳了兩個辮子，兩眸黑白分明，身體不好，家庭收入也拮据，數次讓子女回來向她的父親（漢唐公）借錢，最後一次告訴女兒的子女自己要想辦法，從此之後父女之間沒有往來，她的丈夫過世時，林甜妹也不願待見娘家人，不久之後她也過世了。這可能是一位貧窮父親對小女兒送養的安排，感到深深的後悔。

貧窮，讓一位父親清晨瞞著家人，偷偷裝米入叛袋綁妥，循著火車道走去，託

[111]林彰揚，〈投稿到《小學生》刊物的經驗〉家書，2013 年 5 月 20 日。
[112]訪問林桂英，「林家姻親」，2022 年 2 月 1 日。《林氏族譜》沒有登錄的姑婆名字，母親說明：大姑婆是林彩妹，嫁給簡姓人家。二姑婆是林尚妹，嫁給黎姓人家，住楊梅高山頂。三姑婆是林治妹，四姑婆是林宜妹，嫁給埔心張成江丈公。五姑婆是林甜妹。

做路狗[113]拿米給嫁到臺北萬華的女兒（林彩妹）的補給。住在萬華的女兒嫁給閩南人的簡姓人家，丈夫從事木工，是名工匠，父親懊悔也許當初嫁給有田產的人，會比現在工匠家族生活穩當些。母親（林桂英）說那位「做路狗」是林姓家族的螟蛉子，買來的兒子通稱爲狗，表示親近的意思。「做路」是指在鐵軌上修車、整理軌道等事情的工人，每天都需要搭清晨頭班車去臺北，工作路段在臺北與萬華之間，火車的汽笛聲催促著大家上車，做路狗急忙趕來幫忙提米袋。他告訴漢唐公，「阿叔！以後讓後生來送就可以了。」他們已是不只一次的交接，這是一個父親心疼生活不濟女兒的牽掛。許多客家人在火車鐵道工作，鄰里很看重他們的職業，經常請託幫忙帶人免費上車，一次大家請託了五至六位小孩一同到臺北，直到遇見驗票員時，大家都很尷尬，如果不是貧窮，人會活得更有尊嚴。

無論是父親（吳明光）的家族或是母親（林桂英）的家族，都重視教育。農事、工事忙完了，晚上方能寫作業，準備明天的功課，「教子要有義方」，而我的祖父（吳阿賢）不分寒暑，白日赤足下田耕作，晚上則在燈光下用縫衣的針線，細細地縫補開裂滲血的腳板，由於腳板過硬，赤足泡在田泥太久，縫補傷口時不覺得疼痛[114]。大舅（林彰揚）回憶在埔心草湳坡國小念書時，有鞋穿的國小生，是外省人與有錢人的身分象徵，而大多數人是赤足邁向學校的路，國小六年級時，大舅被選爲掌旗手，站在司令臺上配合著國旗歌緩緩地升上國旗，向國旗敬禮後，用整齊的步伐回到隊伍，「我們的腳步聲總是一重一輕，因爲他是少數有鞋穿的同學。」這是一種另類的「精神凌遲」[115]。

林漢唐相信「早起的人家，未有不興旺的」、「黎明即起，灑掃庭除，」[116]他出身於農耕與書香之家，庚賜公的大伯父是俊鴻公，俊鴻公的次子（庚蘭公）之子林漢立，是清代中葉臺北初開科的秀才，曾經擔任大甲溪大甲溪修理堤防官，居官時經常手不釋卷，大甲溪堤防完工以後，在家鄉開設書房，楊梅公學開創期也擔任學務委員[117]。漢唐公的妻子黃完妹於五十四歲那年，在水圳旁一邊舀水一邊撈魚，手捧著一條魚，快到家時手不停地顫抖，疑爲高血壓導致中風過世，[118]喪偶後，漢唐公不再續絃。九名孫子女全由他伴睡照顧到進入小學，每天晚上爲孫子女削鉛筆，準備好次日要使用的文具，有子孫生病便徹夜查看中藥書，擬妥處方簽，隔日步行

[113]「做路狗」，指的是在火車道工作的工人。那位林姓家族的做路狗，日復一日，每日清晨搭火車在臺北到萬華之間上班，火車道工人在家族之間有崇高的地位。

[114]吳明光，〈關於祖父吳阿（玉）賢一二事〉家書，2010 年 6 月 24 日。

[115]林彰揚，〈赤足記事〉家書，2012 年 3 月 25 日。草湳坡國小爲現今瑞埔國小。

[116]朱柏廬，女宜張氏編譯，《朱子家訓》，頁 1。

[117]林彰偉存，〈林漢立傳〉《林家族譜》，頁 304。

[118]訪問林桂英，「關於黃完妹過世的記事」，2022 年 2 月 5 日。

到鎮上抓藥，回家熬煮成湯藥服用，其中以感冒藥最有效。外婆也自漢唐公處習得一些草藥知識，表妹（林平）在孩童的年紀中暑，外婆喚人到下屋埤塘邊摘黃藤枝[119]花的葉心，用菜刀柄搗碎後，將汁液餵入口中，以緩解人的不舒服症狀[120]。大妹（吳嘉棣）幼年時膝蓋時常酸痛，西醫診斷為類風溼性關節炎，外婆自己去尋草藥，找了好幾小時，才將一株小草交給母親試圖治療大妹，日久已忘了是何種藥草，如普通小瓣的葡萄葉，需要眼力極好才能辨識出來。

在客家人的觀念裡，食材也是藥材，一般人捨棄的動物內臟，經過用心調理也能是佳餚。五味與體內五臟息息相關，臺北帝國大學醫學教授杜聰明在藥書裡說明，上等藥是益氣長壽的用途，中等藥是補精力與體力養性的用途，而下等藥是治療疾病。食物與藥材的關係，與道教推動養生、治病有很大的關連，之後人文的發達，土地生產的食材越來越多，隨著料理方法的多元化，增加了食物的品相。日治時期參與二次世界大戰，臺灣運輸與儲存食物的不便，促使人們善於利用野菜等經濟作物，來補充食材，改善生活。[121]

臺南北門醫師吳新榮表示民間中藥療法有上百種以上，分為（一）內科及小兒科：俗諺黃藤耐扭的黃藤，治腹痛。薑母，加黑糖煮之治感冒。胃痛時可以用麻油煎蛋食用。（二）外科及皮梅科：艾葉心及蒲公英草可以治療發炎，線香的香灰及熟菸的菸草可以止血，鐵線草是治療傷用。（三）眼科、齒科、耳鼻喉科及其他：白菊花是內服治療眼炎用，虎耳草汁滴入耳朵，治療中耳炎，煙煤（鍋具）取食鹽混合使用，治療喉痰用。這些草藥由於臺灣地理山高地稠的關係，在亞熱帶氣候的調和下，地形、土壤等環境因素影響了植物的多樣性生長，漢書記載的植物與臺灣的植物有共通性的藥草，農民容易辨識取得，而且治療方法簡單。[122]然，有些療效僅靠自身的經驗是不足的，日治時期迎來了西方醫學的科學知識，在民間中藥店產生了一定的衝擊。人有病痛，想要治癒，通常會依賴宗教與習俗的療法，實屬迷信。應當信賴合理的科學療法，近代的科學參考古時藥療的屬性，合理使用劑量，加以活用，努力利用舊有的藥草療法，卻不否定舊有的藥效。[123]

漢唐公與他的兒子（林維均）對中藥有專業的知識，讓民間對中藥有一定的認識與了解，母親教授國中的生物課程，大舅念農學院，從事生化科技研究都是農業

---

[119]黃藤枝，是臺灣北部客家人指「金露華」，常綠灌木，經常用來當圍籬地修剪，也是指稱作家吳濁流的小說《臺灣連翹》同名，比喻生命力強，新枝經常被修剪等齊。

[120]林彰揚，〈關於藥草的記事〉家書，2011 年 12 月 02 日。

[121]杜聰明，〈食物の發達ど改善〉，《民俗臺灣》，第 3 卷，第 7 號，通卷第 25 號，頁 1。

[122]吳新榮，〈民間藥百種〉，《民俗臺灣》，第 3 卷，第 4 號，通卷第 22 號，頁 44-45。

[123]謝永河，〈臺灣の民間藥（下）〉，《民俗臺灣》，第 3 卷，第 6 號，通卷第 24 號，頁 39。

相關的領域，實屬家學的影響。1968 年林漢唐過世時，筆者不到一歲，他對書本的喜愛，深深影響了我，我認為這是我與清末世代的傳承。他的學費低廉，降低了求學的門檻，「他的學生從販夫走卒到校長都有，40-50 年代只要在楊梅或埔心火車站搭乘三輪車，說林漢唐先生的住處，他們就知道如何走。」大舅稱他為「楊梅最後的仕紳」，[124]

書房又稱私塾，鄉下人稱為「讀漢書」，學生有失學的，也有小學文憑但是不會寫字的，或是貧窮無法繼續升學的，「提供了鄉里的人們繼續進修的管道。[125]」祖父（吳阿賢）便曾經是漢唐公於高山頂教學時期的學生。

梅溪里的伙房最多容納有六十到七十人，屋內經常傳出朗朗的讀書聲，早在宋代便有私塾（書房）制度，少見古籍詳細記載，大體是補鄉裡學校教育的不足，或是提供科舉考試的基礎學習。宋代政府設立的京兆府〈小學規〉[126]規定了教師與學生的教學方式與課業，教師「每日講說經書三二紙，授諸生所誦經書文句、音義」等，「學生分為三等，大抵以吟詩、念書、學書及試賦，書房教育與小學制度相同的是以學生能力分類教授材料，大體有授經、口誦、作詩及寫書法等」，（宋）葉夢得在《避暑錄話》[127]提及名為樂君的書房師，如何執行他的教學內容。

> 每旦起，分授群兒經，口誦數百過不倦，少間，必曳履慢聲抑揚，吟諷不絕，躡其後聽之，則延篤之書也。群兒或竊效靳侮之，亦不怒，喜作詩，有數百篇。

又聞「每一里巷，旋誦之聲，往往相聞。」大舅記得早上約八點時，書房師要學生背誦昨天教的，之後將課文一句句的用朱砂筆點一下，稱「點書」，近午十一時開始學寫書法，十二點是休息時間，下午講解黑板上的文言文一篇或是練小楷、教珠算，例如《二十四孝》或《尺牘》、《千字文》等。[128]如此，再點二至三回書的內容，約四點半到五點是下課時間。

而《民俗臺灣》記錄了臺灣書房的特色，說明書房與一般學校的教學不同，書

---

[124] 林彰揚，〈關於楊梅最後的仕紳記事〉家書，2011 年 11 月 25 日。註：梅溪書房於桃園市楊梅區埔心梅溪里頭重溪一鄰 45 號
[125] 林桂英，〈序〉，吳嘉陵、吳嘉梓，《走過時代的典範：客家私塾教師林漢唐之研究》，頁 5。
[126] 楊加深，《北宋書法教育研究》（北京：中華書局，1988），頁 52。宋代政府設立地方小學，還有民間的書房、義學、家塾等教育體制，京兆府〈小學規〉碑文記載所學，其規則甚詳，而民間書房師（村學究）所教授的十分彈性，也按地方資源、學生程度有所差異。〈小學規〉碑文記載：「第一等（學生）每日抽籤問所聽經義三道，念書一二百字，學書十行，吟五七言古律詩一首，三日試賦一首，看賦一道，看史傳三五紙。第二等（學生）每日念書約一百字，學書十行，吟詩一絕，對屬一聯，念賦二韻，記故事一件。第三等（學生）每日念書五七十字，學書十行，念詩一首。」
[127] （宋）葉夢得，《避暑錄話》下卷（北京：中華書局，1985），頁 82。
[128] 吳嘉陵、吳嘉梓，《走過時代的典範：客家私塾教師林漢唐之研究》，頁 46。

房是同一時間依照個別學生程度不同來教授,有基礎的同學進行分組,進步得比較快,書房教師通常一一喊學生到老師旁邊,用硃砂筆在書上標點句讀,並讀書中某一節內文,再讓學生回座位自行背誦,依次前進背誦內文,進階地的學習是解釋背誦過的文章,程度較低的同學每日學習詩句二三個字彙,少量地增加字彙,[129]這是混齡式教學法。

至於書法的練習,初學者在木刻版印刷的習字本,紅色的字體上模寫練習,例如:「上大人、孔乙己、化三千、七十士、尔小生、八九子、佳作仁、可知禮也、習字奉呈、氏名」,稍微進步,則以短文、詩句的書法字放在薄的白色練習本下,供學生進行臨模練字,例如:「一去二三里,前村四五家,高樓六七座,八九十枝花。[130]」之後再以古代名書法家的法帖進行臨書。魯迅的白話小說《孔乙己》[131]便是如此來的,主角定位為沒有進學鄉間的私塾師,以反諷的手法描述「君子固窮」的意義。

母親(林桂英)曾解說為防止學生尿遁逃課,上廁所者手持一棍前去,要再去廁所者,必須等前一位同學回來交棒方可,這方法可以防止學生集體逃課,卻無法改變下課時間部分學生頑劣的天性,一次一伙學生在火車道上堆石,想看看火車會發生甚麼事情?[132]又一次個子矮的同學要揍打殘疾的同學,說他嘲笑自己個子矮,對方否認,此事沒有測謊儀器可以測試,漢唐公便請兩位同學向牆上神明牌位發誓,自己所說的是真實,這是欺瞞上天的大事,個子矮的同學因此認錯。

書房學習的時間大致如上述的按表操課,入學時家長會提蔥與蒜來面見老師(漢唐公),期望孩子學習聰明又會算術,對牆上至聖先師的神位祭拜,如此便完成入學儀式,而農曆五至六月是農忙時刻,書房放假的時間會配合農事作業,也在秋冬之際,趁天色未暗,提早一小時放學,此外,書房教育還教授尺牘等日常用語及文法規則,充分地配合農工身分學習的應用,明白《朱子家訓》的治家之道,擔心子孫不懂避禍、不懂人情,或是生活奢靡導致田產沒落,這些課程循序漸進,從治身做起到齊家甚至是關心天下事。正因為大家都貧窮,收費低廉,漢唐公僅求家中溫飽。晚年他的身體每況愈下,醫生要他多吃些維他命之類的補品,每回吃完,他便有力氣起身走路,也許是貧窮,真的限制了人的夢想,甚至犧牲人的身體根本。

吳阿賢是我的祖父,他是楊梅龜山(貴山)下的吳姓支派,生有三子五女,[133]漢唐公曾經教他識字,是他的老師,母親(林桂英)是他厝子的媳婦。由於他是水

---

[129] 江肖梅,〈書房〉,《民俗臺灣》,第 3 卷,第 8 號,通卷第 26 號,頁 23。

[130] 江肖梅,〈書房〉,《民俗臺灣》,頁 24。

[131] 魯迅,《吶喊‧朝花夕拾》(北京:作家,2007),頁 25-31。

[132] 吳嘉陵、吳嘉梓,《走過時代的典範:客家私塾教師林漢唐之研究》,頁 47。

[133] 吳明光編,《吳氏族譜》,1988 年 3 月出版(1985 年初版)。

泥工匠，經常需要幫人蓋房，處理牆上的棟對字聯，抄寫寺廟的文句，如下□處為紙本殘破缺字，年久已不可考：

> 乙亥年四月二十六日廖天君話，此堂不比他堂感化人人向善良，吾有詩一首以後頭記念，考選真人數十秋越磨越善越加修，由賢入聖誰能識只在神仙察自周昭烈大帝詩一首

> 一枝木筆安天下，飛□教授達神仙，萬水千山到此間，醒世黎民志要間，東魯雅言詩書訓，□人修善學神仙，孝悌忠信人之本，禮義廉恥人之根，天第□□流千古，忠臣孝子得歸天，人人若能導此訓，何能不得到西天，自古先王遵此詩，人人知？樂神仙，若係不能從此學，□得有路到中天，山還水遠白雲天，萬古流傳路八千，震動山何有天地，勸人不□費神仙，萬古江山為客主，端人立聖傳千古，王侯將向乃無用，劫數逢時一旦休，中央太極糟逢誰，賊冠奔馳弄軍機，聖君未出無能敵，將軍亦是悔哀悲，烈國郡蜂來爭戰，欲取中華立宗基用盡軍機千百萬，遭滅英雄在此時，一均齊擁名千古，鎮退邦人罷手歸。

> 本堂福德詩後頭記念

> 寅卯之年稱天下，國號明君勝□□，安行天下民政治，國法嚴規榜頭題，王呈築在江南地，帝位登基大平時，二位先生褒封爵，開科取士顯文詩，聞知臺灣名山景，秀氣文風雅如之，三軍保駕登寶位，萬人迎接聖君期，稱得臺灣風景好，聖賢禮樂□堪輿，整頓江山為鐵統，萬年聲□盛昌期，邦人各國皆降服，領土交還在此時，文明蓋世超凡□，黃金寶玉亦有之，丹青才子文風好，堪輿且有亦奇美，出得文人多奇巧，獎封天下第一輩，臺灣遊盡鎮全基，□到江南萬朝禮，安領江南千古載，不如修道□西彌。

於是吳阿賢自修抄寫《客家山歌》及棟對、廟文來識字。他抄寫的山歌，是客語文字組成，內容淺白，用語有時粗俗直白。然，在日治時期稻田尹著《臺灣歌謠集》第一輯，有男唱「枚妲割到田中央，何不舉歌分哥看，眼眉彎彎真標緻，眼子迷迷歌肚腸。」女唱「儂割儂稻田中央，何必舉頭分哥看，鐵打鐮鈎割儂稻，怎樣割上哥肚腸。」山歌通常是男女對唱的形式，內容長短句不一，由寫景談農事到談男女之情，富有民間盎然的生命力。學者顧頡剛曾經以《詩經》與近代歌謠的關係進行研究，劉廷勳以《詩經‧國風》為例子，說明「愚夫之言，聖人擇焉，質而不文，究旗至理所存，是以古先賢聖賢，柔風問俗，十五國風大抵鄙里曲巷，男婦歌謠之所為作也。[134]」歌謠內容是對民間生活的理解，以及民俗慣見的認同。

---

[134] 陳紹馨，〈臺灣歌謠集第一輯書評〉《民俗台灣》第 3 卷，第 7 號，通卷第 25 號，頁 38-39。

日治時期在「臺灣音樂的分類」裡[135]，採茶山歌與歌仔戲同屬於俗謠系統，稱為雜樂。同時歌仔戲又分屬於北管系，大致可以理解客家歌謠的定位。

由於是山歌，歌詞朗朗上口，講究客家腔的押韻，隨意唱出，自成歌詞。歌詞內容生動有趣，會加入一些典故與家鄉景色、人民勞動的內容，「日頭落山月光來，油草合秋禾葉開」，大多男女情愛的歌詞為主，參考如後「頭戴笠子好遮音，舊年連妹到如今，先日交情妹歡喜，今日斷情歌甘心，頭戴笠子當夯處，腳著草鞋當騙馬，涯今連得為妹到，當過洋參敦狹蘇。[136]」祖父偶爾有錯別字，筆劃有誤，增添了閱讀的趣味，也還原了山歌的通俗特色。

林穀昌，為漢唐公的長子（養子），鄉人稱「阿狗伯」，與下屋買來的養子林彰昇一樣，人稱「小狗ㄟ」，承嗣子咸如此稱呼，可能是如同母狗生多子，咸送人養。《民俗臺灣》第二卷，第二號記錄了兩篇出嗣字，理由都是欠人債務不得已情況下賣斷兒子（均非長子），得大員 30-90 不等，先問宗族人有無意願？「族人不能全」，再請託中間人找外姓人，約定日後子孫不得改回原生家庭的姓，日久恐口說無憑，花押為證。作者張山鐘該篇出嗣字說明了更多細節：

> 親胞弟伯達，年 16 歲，今因光文在日，拖欠債項甚多，極其死後，一切喪費賒欠，至今不能清還。四方債主推討甚急，思無奈何，於是託出媒人，欲將此伯達出嗣他人。……攜出為侄，改名易姓，……聽其規矩，不得異言。[137]

承嗣子，又稱螟蛉子，女兒送養，約定成俗兩家往來仍是親人。男子送養則是買斷往來，而穀昌公是林家養子，維均公出生後體弱多病，收養年長他 3 歲多的穀昌公，穀昌公保持原來在宋家的名字（穀昌），他在《林氏族譜》按輩分記載是維字輩的林維球。

外祖父（林維均），日語初級學校畢業，日治時期的保正，領養兄長是為了家裡人口單薄，添加香火，林維均長年在埔心傳統市場旁開保安堂中藥房，定時到梅溪里外婆家附近的柑仔店去結款，還上家裡的賒帳開銷。林曾二妹，人稱「阿秀梅」，個子矮，長相秀美，身高不滿 155 公分，足大腳程快，背厚實足堪重任，對人真誠熱心。外祖父在客家庄裡當保正多年，五穀歉收時，善於交際的外祖父以留稻穀作種的名義，替庄上人保留了一些糧食，不必上交政府。外祖父過世多年後，老一輩仍感念此事，不住向後人稱謝。客家庄的人情濃厚，世代相傳。

---

[135] 陳保宗，〈臺南の音樂〉《民俗台灣》第 2 卷，第 5 號，通卷第 11 號，頁 37。「臺灣音樂分類表」裡分為(一)雅樂(二)南管、北管(三)雜樂，採茶等歌屬於俗謠系，為雜樂。
[136] 吳阿賢抄錄，《客家山歌》歌詞，無頁數，約 1940-50 年。
[137] 張山鐘，〈出嗣字〉，《民俗台灣》，第 2 卷，第 2 號，通卷第 8 號，頁 20-21。

在臺灣要嫁給外省人，當時客家人稱這是「要殺給母豬吃」的事情。原因可能是不同省籍曾經發生不友善的經驗，操著不同腔調的母語與鄉音很難溝通，產生了對立甚至仇視的立場。姑婆的女兒嫁給姜姓外省人，是黑龍江省哈爾濱市人，在韓戰（1950-53）時被美俄聯軍俘虜的中國支援軍。停戰後約有 1 萬餘戰俘選擇到臺灣定居，臺灣人稱他們為「韓戰義士」。姜姓姨丈對人和善有禮貌，親戚都親切地喊他「老姜頭」，這是客家人對人親近的暱稱。

大姑（吳蘭妹）也是嫁給外省人，姓夏名賜麟，熱情有禮貌是大姑丈對人的客氣，他在大陸已有妻兒，大姑嫁給他時，只會說客家語的岳父、岳母與女婿是無法溝通的，大姑丈鄉音重，通常開頭說：「您好！您好！」，接下來的內容便不甚明白，熱情有禮貌是大姑丈對人的客氣，操客語的祖父聽不懂外省女婿的鄉音國語，往往自鼻孔發出哼的一聲，代表他的態度。1987 年開放兩岸三地探親，留臺的外省人先後返回自己老家探看，他們是來自客家庄以外在心裡形單影隻的親戚。

這群外省老兵，經常聚在一起思鄉談天，他們聽不懂客家語，正如我們聽不懂他們的鄉音，就像作家艾琳娜所寫的客語詩〈老兵牯〉：

> 打摺的面容有歲月留下來的印跡，……海，阻隔轉老屋庄ㄟ路，鬥毋齊爺娘的面容，摟老家鄉的山排，老兵牯的心聲麼人知？心肚關起一扇門，行透這條街路也行盡人生的辛酸路。最後伸下來ㄟ，只是一坏黃泥，轉屋，摟半夜發夢時的相堵。[138]

1990 年開放大陸探親，許多外省老兵回到 50 年前的家鄉，同時也有許多臺商到大陸打拼，如同 1949 當年老兵來臺的心情，家是心裡溫暖及美好感受的歸處。桃園市中壢區是典型客家庄，當地商行為南桃園的中心軸，提供了周圍楊梅、新屋、埔心及龍潭等輻員地的補給，新明牛肉麵便是中壢眷村在 1949 年以後帶來的外省文化。在極少吃牛肉的客家庄裡，中壢有了著名的牛肉麵店，顯見客家人的包容與開放的性格。

客家庄以外的親戚還有閩南人，閩南人與客家人來臺的居住環境形成群聚，同鄉意識凝聚成向心力，每當有衝突，很容易擴大成為紛爭，如爭水、爭地，嚴重的會鼓動成械鬥[139]，黃喜妹與黃完妹都是閩南人嫁到客家庄，昔日普遍大家都窮困，很容易為了爭水、鴨子失蹤等事情產生情感上的嫌隙，也正因為家族人口多，互相體諒與幫忙渡過缺錢的難關。這是筆者認為客家人多「同情」之處。在漢唐公給孫林彰揚一信上細數欠債、還債的人情與該年的收成，有著無限的辛酸／溫暖。該信

---

[138] 艾琳娜，〈老兵牯〉《第 5 屆桐花文學獎》（客家委員會，2015），頁 208-209。
[139] 中村哲，〈分類械鬥與復讎〉，《民俗台灣》，第 4 卷，第 4 號，通卷第 34 號，頁 2-5。

參見如下：

> 前寄五百元又寄完船（伯）兩百元，又付船（伯）兩百元與汝，今回又寄 4 百元，共寄 1300 元。全係檀姑丈借的。家中窮如洗，桂英來金不敷家中使用及完人零星。……本回家中豬子至 21 日賣去，全重 309 斤半，共 7066.6 元收入，使用讀書註冊費、電火店帳一切零星債完，請又完埔（伯）1000 元，檀姑丈 2000元，僅欠船叔 1000 元而已，你船叔係要用也，有可完。[140]

　　1954-67 年，是臺灣農業的成長期，也是農業輔助工業的起飛期，土地政策使得佃農有機會成為地主，提高生產量，與當地農會緊密合作，1967 年複種指數達及總生產量達到高峰。之後臺灣工業快速發展，農業所得不佳，鄉村人口開始外流，國外農產品開始傾銷到臺灣，消費市場有了國內外市場的排擠效應，為增加競爭力，降低了本地農產品的價格，即使農業機械化的利益也無法彌補其獲得利益的差額，耕作漸漸趨於粗耕，逐漸鬆動了仰賴地力為生存的家庭結構，在正職以外開始兼差，或是剩餘的人力往電子廠、工廠成為勞工，據「農業家庭經濟調查」所得，1986 年每戶年平均所得 289,822 元，農業所得僅 105,544 元，占平均所得 36.4％，而農業以外所得 184,278 元，占所得 63.6％。[141]可說明農業社會結構的轉變。

　　就像是作家葉國居所寫〈桐花樹下的老碗人情〉所描述客家庄，無論婚喪喜慶，庄上大家紛紛出借請客用的大碗，（圖 20）並且主動幫忙烹煮食材的人情味。

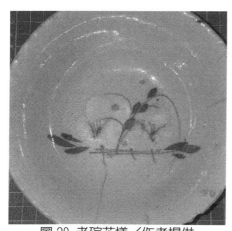

圖 20.老碗花樣／作者提供

> 禾埕很大，圍牆內人多，圍牆外，幾個餔娘人，手腳目伶俐，當在該洗碗盤，（阿婆）拿著燥禾桿折幾折，做菜瓜布用，手法流掠……屋簷下有歸十擔青菜，看來係客家庄應時的農作，大菜、白菜頭，還有大嘛粒個高麗菜，……在物資匱乏的時代，在一向恬靜的客家庄，所有的人力物資，……如同眾河流落大江大海，（各家）碗盤毋會講話，毋識文字，但搬動時噹琅噹琅作響。[142]

　　上文是客語撰寫的散文，一群餔娘自動幫忙，把客家庄的婚喪喜慶辦妥，借碗的借碗，洗菜的

[140]吳嘉陵、吳嘉梓，《走過時代的典範：客家私塾教師林漢唐之研究》，頁 61-62。船（伯）、埔（伯）均為漢安公之子，家世輩字為維字輩，是漢唐公的姪子們。檀姑丈則是漢唐公的二女婿，家住中壢，彼時開鐘錶店。

[141]簡榮聰，《台灣客家農村生活與農具》，頁 9-10。

[142]葉國居，〈桐花樹下的老碗人情〉《第五屆桐花文學獎》（臺北：客家委員會，2015），頁 219。

洗菜，和漢唐公寫信提到親人之間借錢、還錢的帳目，同庄的喜慶當作自己的事來操辦，這就是客家人疼惜客家人的「同人情」。

等我念大學（1987），外婆的老屋與稻田已經賣給工廠負責人，夷為平地，我與表姊（張嘉紋）騎著摩托車回去我們的童年／老屋看看，我們面對房舍拆除的場景，表姊說好像電影《新天堂樂園》（Nuovo Cinema Paradiso）的男主角沙瓦托（Salvatore Di Vita）看著童年的戲院在眼前崩塌那一幕，最美好的記憶瞬間瓦解。告別逝去的童年，也開啓了筆者對客家老屋空間與形制的迷戀與記錄。

泥地中裸露的破瓷碗片，想著偌大的家園只剩這一破片，回程告訴了五阿姨（林惠姬）與四阿姨（林文姬）這事，她們說「好可惜，沒有拾起作紀念」。也許是沒有拾起的遺憾，也許是那句「好可惜」，讓我在往後的日子裡看見老碗總會想起外婆老家的記憶。記憶就像老碗一樣，充滿坑坑疤疤使用過的痕跡，老得出漿的釉色感，些許微微使用過的裂痕如同迷宮一樣，藏著若干年的塵埃。

林家在河邊有塊小田地，據大舅（林彰揚）的回憶就算是風調雨順，每年的總收穫不到百斤，颱風過後，砂石順勢流入田裡，往往要全家出動整理田地，總落得雙手磨傷，大舅問漢唐公，這塊田還值得耕耘下去嗎？漢唐公堅毅的語氣表示要繼續耕耘。於是瀝澇之災一再出現，愚公的毅力也湧現出來，大舅看見漢唐公的堅持，體會到大自然教人類逆來順受的真理，以及與天不斷周旋的勇氣[143]。後來這塊田賣給我的祖父（吳阿賢），吳家也繼承了一樣的奮鬥模式，換個家族的人力持續投入，有如唐吉軻德。「守分安命，順時聽天[144]」。

一次母親告訴我，她在十二歲時便見過父親，當時父親十歲，祖父（吳阿賢）是靠勤儉起家，一點一點地購置田產，早年是租賃田地來耕作，水田位在很遠的腳程，往往需要動用家裡老嫩大小持著耕具、鋤地的工具前往，必定會經過埔心梅溪里外婆家附近，當地的孩子見一群外人路過，衣衫破舊，齊喊：「乞丐、乞丐……」，聞至此，我問母親當時她在做甚麼？母親說她沒有跟著孩童喊，只是凝視著那家的人們，沒想到成年後，她會嫁入那個殷實的吳姓家族。

大舅（林彰揚）在 1958 年楊梅初中畢業[145]，代課的音樂老師是外省籍許靜和老師的妹妹，「長得白白淨淨，眼睛大大的，脖子圍著花紋的圍巾打個花結，看起來

---

[143] 林彰揚，〈一塊田產的價值〉家書，2013 年 5 月 20 日。
[144] 朱柏廬，女宜張氏編譯，《朱子家訓》，頁 23。
[145] 楊梅國中編輯委員會，《楊梅國中創校 50 週年特刊》（桃園：楊梅國中，1999），頁 51-64 及 117。林桂英是第 5 屆 1955 年初中部校友，第 5 屆 1958 年高中部校友，吳明光是第 6 屆 1956 年初中部校友，林彰揚是第 8 屆 1956 年初中部校友，第 8 屆 1961 年高中部校友。文中所提林彰鎬與林文姬是第 14 屆 1967 年高中部校友。筆者是國中部第 13 屆 1983 年畢業校友。

和明星一樣漂亮！」輕聲細語地教全班男生唱「小黃鶯鳥」，正值青春期的同學聲帶正變音，唱不出高音，但是大家都很忘我地唱，彷彿「置身於蒙古大草原，數著龍頭鳳尾花[146]」，剛好筆者上國中一年級（1979）時，我的國文老師便是許靜和，她是重視穿著禮節的外省老師，年紀已屆六十，仍看得出大家閨秀的教養，講話誠懇，不會因為你只是十三歲國中生便打馬虎眼，由此可以想像她妹妹年輕時的樣子，想像許老師姊妹的出身，大學美術系畢業之後，與母親同住於楊梅國中教師宿舍，隔壁便是退休的許靜和老師獨居於宿舍，一回她在屋內瞥見我在陽光下用油畫進行風景寫生，她靠近過來，用充滿回憶的口吻告訴我，年輕時她在杭州藝專求學畫油畫的情形，因為二次大戰的戰亂，物資缺乏包括顏料、畫布等，一學期一人只用一張畫布，作品畫完後使用油畫刮刀刮除畫布的顏料，使用舊畫布重新再畫，如此反覆到學期末。那是一段午後的對話，在楊梅國中宿舍外牆旁，印象極為深刻。國中到高中時期，我與父母親一樣，遇到許多外省籍教師投入臺灣教育的行列，當時教師的薪資不高，無形中促進外省與本土的族群融合，對於大陸有著無限的想像空間。這是補習教育與書房教育所沒有的視野。

父親（吳明光）與大舅（林彰揚）先後畢業於國立中興大學，父親畢業於臺北商學院，大舅畢業於臺中農學院，父親租屋住於龍江路，母親曾由楊梅埔心騎了三小時的摩托車風塵僕僕地去探望父親。大舅表示除了外省籍教師投入教學，也有傳教士身分的美國籍教師，全程使用美語教英文，例如李滌生教師是北京大學畢業的國文老師，對易經與古文的造詣很高，英文課是由美籍辛普森（Simpson）小姐所教，[147]她是安格魯—薩克森（Anglo-Saxon）人種，用美語解說 1961 年美國甘迺迪（Jack Fitzgerald Kennedy）總統於華府就職的演講稿，最著名的句子是「不要問你的國家能為你做些什麼，要問你自己能為你的國家做些什麼」[148]，並且在聖誕節送給同學聖誕卡。一學期下來進步的是美語的聽力。面對家境的窘迫，父親在大學四年是自立自強賺取學費，大舅忙著在學校工讀，除草、打掃教室，上課必作筆記，詳盡務實。父親與母親經常往返寫明信片，寥寥數字卻累積成櫃，在一次搬家過程，信件付之祝融，大舅與祖父往返信件，得以留下紀錄成今日的文本，感慨 21 世紀的年輕一代難以想像上世紀的人生歷程，因此這本書所敘述的事，有啟迪人生的意義。

父親與大舅代表了客家人勤儉的天性與做事持之以恆的毅力，謹記對家族的責任，日後他們為人父時，對子女的教育也十分重視，這是客家人的文化性格。例如

---

[146]林彰揚，〈初中的眾師像〉家書，2013 年 5 月 14 日。
[147]林彰揚，〈大學的眾師相〉家書，2013 年 5 月 28 日。
[148]1961 年 1 月 20 日美國第 35 屆總統約翰·甘迺迪就職就職演說，原文 "Ask not you're your country can d ofo ryou—ask what you can do for your country."

漢唐公在大孫（林彰揚）申請清寒獎學金一事，申請的條件繁瑣，又必須請託數位擔保人簽名擔保，還要與其他學生競爭有限的名額，最後申請通過共十八位，花費許多力氣，不安的過程裡含有多少期望，期望能夠幫助家裡生計。書信過程交代此事如下：

> 接來手書得悉桃縣獎學金辦法，適值禮拜天無辦公奈何，今即準備明日 7 點半到楊梅鎮公所，尋取辦人，試看如何？各位擔保人齊全有在鎮，9 時一切辦理好勢，又到里長蓋印，……（中壢）稅捐稽徵處證明之，在中壢等待 2 點餘鐘久，處長未回來係按印後寄去，……所得稅證明出來後，續寄去是也。本 25（日）9 點，余到鎮公所同樣證明，紛紛去請者，共有 3 人。
>
> （1950.03.25.）
>
> 所謂爭取（獎學金）事，爭得到、爭得不到，未定，校中人大多強中更有強中手，得下次再來，爭取四百元為多數，怪得吾苦樂得有爭取權則已快活，暑假將來到了，正來賺過亦可。……盡人謀事，成在天，總盡力而已。
>
> （1950.06.02.）
>
> 因吾家貧想領此獎學金，再三凝神思索，今日戶籍移過去，翌日又移過來，移來移去，雖然鎮當局肯幫忙同情，吾戶籍上書面糊塗難堪，兼且農民獎學金多人爭取，吾想吾成績合以所求，不知更高者尚多，強中更有強中手，……不如爭取桃縣獎學金為易也，雖年年加動精神，汝宜即問有路前去申請，不可待校方公布，譬如校方無公布，縣方又待省方各校申請，先申請者捷足先登，後到者門外企也，不知是否下學期工讀生？宜早未雨綢繆，月月成算相添，可以寬懷，耑此草草，旦夕惟汝是念。
>
> （1950.10.10.）
>
> 閱 20 日報紙載上中興（大學）與桃縣清寒優秀獎學金取得者，18 名中汝明居其一，吾已知，已慰予心，領著可使用是也。[149]（1950 日期不詳）

漢唐公在信中的叮嚀，大抵是因為家境的一貧如洗，凡事要未雨綢繆，獎學金不應該等公告即先行準備，萬一沒申請到獎學金，也要記得先申請下學期工讀生的名額，或是等暑假返家留有工讀的機會。如《朱子家訓》所言「半絲半縷，恆念物力維艱，宜未雨綢繆，毋臨渴而掘井」。[150]

---

[149] 吳嘉陵、吳嘉梓，《走過時代的典範：客家私塾教師林漢唐之研究》，頁 56-61。
[150] 朱柏廬，女宜張氏編譯，《朱子家訓》，頁 2。

臺灣作家李榮春在小說〈教子〉裡，藉由父子對話，說出 40 年代臺灣的父母對於自家孩子升學壓力下，父母的期望與不安：

> 近來考大學的人數，又一年多過一年，競爭越來越激烈，你書卻又念得這樣子，考高中我看都沒有把握，萬一高中也考不上，你一生便完全沒有希望了。所以爸爸非常痛苦，非常失望。[151]

考上大學可以接觸到國外的師資及外省籍的老師，在 3-5％極低的升學率中，考上大學是一道難關，能夠順利唸完書，如期繳完學費畢業，又是另一道難關。接觸到新的城市與新作派的師資，回首看故鄉－那個孕育自己的書房教育與農業環境，心境自然不同。

---

[151]鍾肇政編，《臺灣文學全集》（臺北：遠景，1981），頁 35。

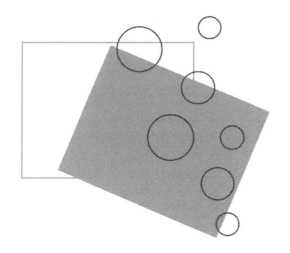

六、書房師與童養媳

導讀

如果漢唐公是子孫心中的山，屹立不搖，林曾二妹則是源源不斷的湧泉，給家中失意人安慰，以及困難時活下去的勇氣。漢唐公持有田契與房契，晚年時寫下田產、房屋買賣的權利由兩位媳婦做主，這意味著一旦祖產要進行買賣，家人須要與母親或伯母商議，顯示了女性長輩在家庭財產處分權的提高，保障了婦女參與家中契約文書的話語權，這是漢唐公在傳統觀念上的先進。如果林曾二妹果真如漢唐公的安排進入「公學校就讀」、落實「授予田產保管的權利」，那麼林曾二妹的命運將會改寫。如同她改寫了我的母親免除當童養媳的命運，完成完整教育，成為國中教師。

　　書房師與童養媳是一個舊時代的社會產物，體現了晴天耕作、雨天讀書的客家生活學。林漢唐是漢學師，臺灣舊式的身分證上教育程度該欄寫著「識字」二字引以為恥，大有生不逢時的感慨。政治上是可以藉由 1961 年（日）尾崎秀樹評論臺灣作家龍瑛宗〈植有木瓜樹的小鎮〉（日文），那是龍瑛宗在日本文壇得獎的初作（1937），尾崎秀樹藉此探討臺灣「對於殖民地統治的抵抗意識已呈現『屈從及傾斜』之象」，[152]說明臺灣文學對日本文化立場的妥協，漢唐公表面放棄教授日文，實際仍以漢學為本，原因是大戰前後臺灣民間書信往返皆以漢文為主，部分文采夾雜方言文字，閱讀書信如聞其聲，有疏朗之暢意。

　　林漢唐浸淫於漢學，由清朝末年到二次大戰結束，國民政府接管臺灣，在日治時期生活了五十年，跨越三個紀年，林漢唐重視女性的受教權，也鼓勵人從事教育或持續向學，於是當兒媳婦（林曾二妹）七歲時提出，想和家中女眷一起上公學校求學，他是贊同的。其妻（黃完妹）反對，理由是她是小媳婦的身分，是要操辦家事與農事，上學會耽誤做事，少年時期外婆沒有做好農事，往往招來打罵，林漢唐多次勸阻，言：「二妹雖然是人家的孩子，我們也要珍惜」。《民法》第十二條寫明滿十八歲即為成年，外婆在十八歲除夕夜與外公成婚，她成為家族裡大媳婦的身分，從此無人打罵。

　　研究林漢唐的限制，受限於農家所留下的資料零碎，1937 年以前日治時期臺灣的文學是依附於新文學運動影響下，之後臺灣人主導皇民文學。林漢唐的文學極為地方性的邊緣，於整個時代影響不大，但可補充時代劇變下書房教育的輪廓。而吳阿賢則為民間廟文與紋飾的記錄者。兩人有過短暫的師生情誼，日後是親家。

　　在清朝末年到日治時期童養媳與養女的習俗很常見，日治時期的《民俗臺灣》[153]曾用一期專刊報導臺灣的「媳婦仔」與「養女」，可見這現象的盛行，尤其以童養媳為常見，雖然有買賣婚姻的性質，但這制度其來有自，是重男輕女的社會陋習主導著人們的價值觀，女兒遲早要外嫁，意味是賠錢貨，男子須備妥聘金給女方娘家，這對婆家來說是一筆負擔，養育女兒成人對娘家也是負擔，於是在薄禮和聘金的基礎上，幼齡的女兒早早當童養媳，省略了相親、婚配、舉辦婚禮的儀式，增加了勞動的人力，提早加入婆家行列，也容易與婆家人相處，有學者提出婆媳關係與早嫁或晚嫁沒有關係。

[152]尾崎秀樹〈台灣文學備忘錄—台灣作家的三部作品〉，收錄陸平舟譯《舊殖民地文學的研究》（臺北：人間，2004），頁 237-246。

[153]須騰利一等，《民俗臺灣》第 3 卷，第 11 號，通卷第 29 號，是由童養媳/養女的慣習與制度來考察。以及李騰嶽等，《民俗臺灣》第 3 卷，第 12 號，通卷第 30 號，是由婚姻習俗來看媳婦仔的觀點。

養女通常是幼齡便住進養父母家裡，年齡越大收養價格越低，反之亦然。養女不同於童養媳指定婚配的命運，年長後將會自養父母的家庭出嫁，而非自原生家庭，我的祖母（吳鄭甜妹）是鄒家的女兒，之後由楊梅高山頂的鄭家人收養，輾轉再到另一個鄭家當養女，十九歲嫁給我的祖父（吳阿賢），從此遷移的人生安定下來，晚年心繫所念她是鄒家的女兒，不是鄭家。因此之故，祖父在族譜上將祖母的姓更正為「鄒氏」，而身分證上仍是寫著「鄭氏」並冠夫姓。

童養媳與養女的身分很接近，有些童養媳在婆家過得很好，有的則非，不同工也不同際遇，關鍵在於家中經濟權掌握在誰的身上，以及是否有生育兒子盡傳承之責。田井輝雄摘錄江蘇與上海流傳的《童養媳》歌謠，「養媳婦，苦弗過，淘米拎水都要我，梳梳頭，阿婆罵我妖精貨，弗梳頭，阿婆罵我爛屎貨」、「養媳婦，真吃苦，冷粥冷飯吃一肚，早晨起來做到夜，睡覺要到三更過，公要餛飩、婆要麵，小叔姑娘要麵湯，二十年新婦、二十婆，再歇二十年做太婆。」[154]這些「親像苦毒媳婦仔」的既定印象，是因為婚姻制度建立在買賣，說親的價格上，無形中造成社會不平等的階級意識。〈婚姻習俗考〉[155]裡面說明媒人介紹、指腹為婚、養女及童養媳等，媒人要收集男女雙方的背景與條件，在〈擇偶記〉（1934）提到媒人說媒到正式相親，然後訂親，也是一波多折，有的不幸生病過世，有的看不上眼，有的女方出身為妾所生，有的嫌女方腳大，都可以是媒人說媒不成的理由。[156]然後算命師排雙方的命盤，擇訂吉日，送訂完聘，安排婚房安床與謝神及祖先的時刻，迎娶的吉時等流程，婚姻禮俗中送訂到女方家，完成聘禮的儀式，要準備定金與聘金，菓子、檳榔、菸草、紅線與紅綢等，回婚書給女方家，準備十分繁瑣，例如婚書、豬前腳、檳榔、冬瓜、冰糖、合婚糖、爆竹、禮香、蠟燭、紅棗、蜜柑、梭仔糖、鏡巾用的紅綢、米苔、結婚服等。據研究資料顯示，中國沿海地區童養媳的比例高於內地。

近年來族譜或是祖塔、掃墓等都開放不同宗教、女性也可以入祖塔等儀式，2011年民雄鄉雙福村黃氏百年宗祠移地重建完工，後代子孫上千人回鄉，打破了臺灣重男輕女的傳統觀念，例如「未出嫁或是已離婚、出嫁後與夫家不睦的女性，如同孤魂野鬼不能入祠堂」，[157]黃氏宗祠重建委員會規劃「姑婆房」讓皇家女性得以入「姑婆房」，供後代掃墓，這是嘉義地區在家族制度上的現代觀念上重大的改變。

書房師（漢唐公）有遠見，他認為女性受教育是有助於家庭教育，自己的三位女兒在婚配之前便去公學校就讀，童養媳（林曾二妹）則在婆婆及祖母的主導下沒

---

[154] 田井輝雄，〈媳婦仔雜考〉，《民俗台灣》第 3 卷，第 11 號，通卷第 29 號，頁 2。
[155] 吳尊賢，〈婚姻習俗考〉，《民俗台灣》第 3 卷，第 12 號，通卷第 30 號，頁 26-33。
[156] 朱自清，〈擇偶記(1934)〉，《朱自清散文》（北京：三辰影庫音像，2017），頁 158-160。
[157] 王瑄琪，〈男女平等，黃氏宗祠重建特闢姑婆房〉，《中國時報》，2011 年 9 月 12 日。

有機會識字，何況讀書，自己的妻子（黃完妹）早年也想讀書識字。回到童養媳的本分是養育後代及操持家務，而外婆是如此的能幹，支撐起一個家，如果漢唐公是子孫心中的山，屹立不搖，林曾二妹則是源源不斷的湧泉，給家中失意人安慰，以及困難時活下去的勇氣。漢唐公擁有田契與房契，晚年時寫下田產、房屋買賣的權利由林毅昌與林維均的媳婦們做主，這意味著一旦祖產要進行買賣，家人需要與母親或伯母商議，顯示了女性長輩在家庭財產處分權的提高，保障了婦女參與家中契約文書的話語權，[158]這是漢唐公在傳統觀念上的先進之處。如果林曾二妹果真如漢唐公安排進入「公學校就讀」、落實「授予田產買賣的權利」，那麼林曾二妹的命運將會改寫。如同她改寫了我的母親免除當童養媳的命運，完成完整教育，成為國中教師。

漢唐公的家訓是勤耕雨讀，遠房兄長漢立公是秀才也成立書房教育，造福鄉梓人才，堅定了客家人耕讀的生活信仰，由農業社會過渡到工業社會時期，扮演了類補習教育的功能，隨著臺灣教育部推行義務教育，教育制度日趨健全，自然地書房教育走向沒落一途，加上農業社會的轉型，女性如同男性開始進入學校求學，同時也進入職場，帶動起兩性平權的社會價值觀，書房教育與童養媳的習俗便戛然而止。

[158]劉正剛、杜雲南，〈清代珠三角契約文書反映的婦女地位研究〉，《中國社會經濟史研究》2013，第4期。http://iqh.ruc.edu.cn/qdshsyj/xbyfn/d7df87577b33418797dd4ad8e44dfb11.htm，檢閱日期：2022年7月12日。

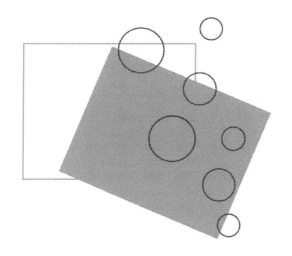

七、客家書房師
林漢唐的研究報告

導讀

這篇研究報告是筆者 2004-06 年的田野調查，藉由楊梅林漢唐書房師的
例子，來看臺灣清末到日治時期，以及戰後社會的變遷來看許多末代書生
讀學求功名，科舉制度結束，書房盛行/取締或管制的社會背景，也由日
治時期到二次大戰後的新竹、桃園教育人口數，說明臺灣新式教育與書房
角色的轉變。社會風氣、教育制度的沿革下書房教育擔任了教育銜接的功
能，延續傳統詩社的活動，整合中國傳統知識結構與臺灣國民義務教育，
書房教育成了農村或街坊民辦的分等學校。

（一）、漢唐公的求學與書房的成立

　　《禮記・學記篇》言：「古之教者，家有塾，黨有庠，術有序，國有學。」得知私塾教育爲民學之基礎，爲科舉考試及國學提供人才的場所。林漢唐教師長達 44 年（1911-1955）私塾生涯，教授的學生無數，貫穿日治及光復以後時期，民學演變與時代背景有極爲密切的發展關係。「書房」又稱爲私塾，民學的起源，應可追溯到東周孔子之私學。《史記・孔子世家》卷 47 記載：「孔子以詩、書、禮、樂教，弟子蓋 3 千焉，身通六藝者 70 有 2 人。」，學而優則仕，弟子後來經由選士、推舉成爲諸侯們的卿相、士大夫者衆多，也有傳承師學者，發揚孔子私學之精神，爲國家培養賢才。漢朝時，發展出「察舉制」的任官制度，即察賢能、舉孝廉，先舉而後試，成爲後代選擇人才任官的制度。直到隋唐之際，科舉考試選才任官的正式管道建立，人們才逐漸透過民學的各種學習管道來考取鄉試，以便晉身舉人、進士之列，此時私塾才逐漸爲人所重視。

　　清朝的科舉制度是人人可晉身的管道，開放且公平。一旦中舉，提昇其社會地位、光耀門楣等價值觀，牽動世俗的看法。實際上，受教育是貴族子弟的權利，他們可以透過儒學、國學、義學等方式就學，而一般平民或農家子弟，不識字者占大多數，有心上進者，通常透過民學、社學[159]等方式，以達到讀書識字的目的，應付生活之便。其他少數者是爲求考功名，如漢唐公。以清朝新竹、桃園客家地區來說，因資格、地域的限制，客家子弟咸少進入書院就學[160]，書房是依照民間求學的社會需求而產生，是民學極爲興盛的教育方式，一般來說分爲家塾、義塾、私塾 3 種。家塾爲富貴家庭爲培養子弟延請教師至家中教學，有些家庭提供教師食宿，義塾則是一地區或同宗族，爲子弟提供場地延攬教師來施教，私塾則是教師在自宅任教，是清朝民間普遍教育及準備科舉考試的場所，學生通常爲社會的中下階層，以補官方教育制度之不足。漢唐公跟隨清代桃園龍潭的廩生鄧林鳳念私塾，爾後漢唐公仿傚其師，自授私塾。

　　曾外祖父林漢唐，新竹州楊梅庄頭重溪人，清朝末年（1884 年）生，自稱「梅溪野老」，開設的書房俗稱爲「梅溪學堂」。父親名庚賜，《林氏族譜》記載曾祖父榮煥公於清朝乾隆 41 年（1776）來臺，當時臺灣北路淡水廳桃澗堡開基，雍正元年

---

[159] 民學爲民間私學，即書塾。社學和義學實則無異。
[160] 臺灣省文獻委員會主編，林熊祥主修，黃旺成纂修，《臺灣省通志稿・教育志》制度沿革篇（臺北：成文，1950），頁 78-84。記載清代臺灣書院共 37 所來說，新竹地區只有明志書院是乾隆 28 年(1763)建，離楊梅偏遠，且童生、秀才入學資格限制。重修明志書院碑及章程詳見莊金德《清代臺灣教育史料彙編》，〈第 4 章書院〉，（臺中：臺灣省文獻會，1973），頁 735-744。

（1722）楊梅地區始編入淡水廳轄區，祖先開墾了約 2 百至 3 百甲地[161]。清朝康熙年間大陸渡海來臺日眾，原有的粗放蔗園農作改爲水田爲主的精耕，配合農業技術的改變，紛紛開墾關圳以利耕作，渡海來臺的客家人帶來了原鄉的生活習慣與信仰，也奠立了以血緣、地緣爲主的農鄉社會結構。楊梅埔心頭重溪鄰近的三元宮建於道光 5 年（1825），奉祀三官大帝等神，爲埔心當地居民之朝聖地，和楊梅街鎮的錫福宮形成地方上兩大宗教信仰中心[162]。

客家民族在臺灣是屬於漢族少數民系，學者多以漢人來臺的先後及械鬥群聚的觀點說明族群的意識與分布情形，並進一步解釋族群的生活方式，從而認定客家人的弱勢地位[163]。學者施添福在《清代在臺灣漢人的祖籍分布和原鄉生活方式》[164]一書中提出原鄉開墾的技能和地點的選擇，有密切的關係。在臺灣的客籍人大都來自粵東和閩西一帶，在（清）溫仲和《嘉應州志・水利篇》[165]提及「無平原廣陌，其田多在山谷間，高者恆苦旱，下者恆苦潦。」，在花松村編撰《臺灣鄉土全誌》[166]中提到楊梅區舊名楊梅壢，「壢」是指四週丘陵小山，中間有溪谷的盆地。盆地四周的臺地以植茶園爲主，因無太多天然湖泊可供灌溉，桃園、新竹客家人多自設池、湖來替代。原鄉農耕環境和來臺當地的環境相近。山脈綿延的結果，使得交通不便，生活環境艱苦，形成封閉性的社群向心力，也驅使客家男子向外發展，勤耕、遷移、讀書求功名甚至於械鬥等，終究是爲謀求更好的生活所做的努力。由此觀點來看，可以破除一般人認爲客家人保守之習見。

1929 年楊梅輕便公司成立，輕便車路由新屋等居民合辦，三線以楊梅爲軸，至永安、埔心、關西、大坡等地，共設三湖、楊梅、伯公岡三站[167]。線道橫亙於梅溪書房的水圳附近，臺灣光復後拆除，原址附近興建火車路，爲現今鐵路的主要幹線，形成田地間的分界點，日後中山高速公路的興建又將漢唐公原有的祖田一分爲二。

漢唐公的祖父俊興公生 7 子，父親庚賜公爲厎子，5 子庚輝公教授鄉人讀漢書，見家中無人圖振，不問農事。死前曾言家中之事，唯有小弟（林庚賜）才能掌家。

---

[161] 林彰鎬先生存，《林家族譜》手抄本。

[162] 以農曆 7 月 20 日義民節爲例，義民節是祭拜乾隆 51 年林爽文事件中犧牲的客家義士，由於清末時楊梅分屬新竹州與淡水廳，沿舊名以此來分屬四區爐主，爐主輪值恭迎義民爺神位安置三元宮及錫福宮，以老坑溪爲界，舉行神豬等慶典。

[163] 弱勢的看法是指漳泉州人來台佔有官田、官莊，而粵人則爲佃農的職業，此外械鬥的衝突促進族群內部團結外，也促使粵人變遷等看法。持類似看法的學者有李國祁、陳其南、尹章義等。

[164] 施添福，《清代在台灣漢人的祖籍分布和原鄉生活方式》（台北：國立台灣師範大學地理系，1987）。

[165] 溫仲和，《嘉應州志・水利篇》（臺北：臺灣客家書坊，2013）。

[166] 花松村編撰，《台灣鄉土全誌》（臺北：中一，1996）。

[167] 楊梅鎮志編纂小組編輯，《楊梅鎮志》，（桃園：楊梅區公所，1990），頁 294。及臺灣省文獻委員會，《桃園縣鄉土史料》，耆老口述歷史（13），（臺中：臺灣省文獻委員會，1996），頁 123。

於是漢唐公之父，10 幾歲挑起家族重擔開始持家，繼續擴充祖產，當時田產不須購得，為自由開墾，家族龐大及雇農等人用餐時一時高達 80 餘人，之後與龍潭閩南家族黃氏喜妹結婚，生 2 女 2 子，2 女自小便送人為童養媳，2 子為漢安公及漢唐公[168]。

庚賜公在壯年之際，因疾而終[169]，1888 年，漢唐公 4 歲喪父，母親黃氏喜妹在 32 歲時守寡到 94 歲，中年常抱幼子入懷流淚，告誡唯有努力向學，才被人看得起。這段往事，漢唐公經常向子孫提起，可以解釋他一生作為書生的重要影響。因年幼喪父，家族中地位低落，一日食飯，不經意自長輩腋下順勢穿過，前去盛飯，被長者用「五指肱」（客語指五指敲）其後腦杓，意喻逾矩[170]。

鑑於家中人口單薄，其母先迎娶年僅 14 歲林漢安之妻前來作伴，一方面也希望漢安繼續求學，然五伯公告訴其母：「阿喜，你那房沒人作事（指田事）。」[171]。於是，漢唐公的兄長輟學專心務農，讓弟弟林漢唐繼續在鄧林鳳[172]的私塾唸書，一首客家童謠這麼寫著「唱歌子，唱歌情，唱出竹背一場景，3 兄耕田陪父母，5 弟讀書求功名」[173]，實際是唱出漢唐公「兄耕弟讀」的家庭背景。喪父不久，六大房協議分家，各房均分得家產，寡母幼子分得祖產最南方之地，其餘五房則分得於永平、瑞塘一帶的祖產，現今埔心火車站南走約二百公尺處。

漢唐公 9 歲時，甲午戰爭（1895）中國戰敗，隔年臺灣於馬關條約中割讓給日本，臺灣的科舉考試停辦，漢唐公沮喪之餘，繼續在私塾學習直到 18 歲。然，清末「童生」[174]的身分，是無法成為他的學歷證明。科舉制度的結束，漢唐公由立志科考轉為從事教育，是希望在日本政府教育體制（如公學校）下，建立起民間漢學的根基。他所建立的聲望是常民的、地方性。

明治 38 年（1905），漢唐公時 19 歲，迎娶桃園廳桃澗堡高山下，與母親同宗黃宗心的長女黃完妹，前後共生三男八女[175]，兩子因病夭折，鑑於家中人口單薄，

---

[168] 日治時期戶籍謄本記載舊址為新竹州中壢郡楊梅壢頭重溪二十三處地。
[169] 說法已不可考，一說是肝病，一說是與高山頂區鄭家爭產地，前往赴宴回來便身體不適。
[170] 訪問林彰鎬，「關於漢唐公幼年的事蹟」，2005 年 5 月 25 日。
[171] 訪問林彰偉，「關於漢唐公母親黃喜妹的事蹟」，2005 年 1 月 5 日。
[172] 訪問鄧文雄，「關於廩生鄧林鳳的生平」，2005 年 2 月 2 日。新竹縣芎林地方文昌廟供奉，龍潭鄉「聖蹟亭」題字者。以及桃園縣文獻委員會編，〈文教志〉，《桃園縣志》卷五(桃園：桃園縣文獻委員會，1967)。記載鄧秀才是國家詔立的府州縣學，有名額限制，國家提供生活費的廩生。
[173] 鍾榮富，〈客家童謠的文化觀〉，《客家文化研討會論文集》（臺北：文化部，1994）。頁 135。
[174] 鄉里書文章詩詞之讀書人，曾應縣試者稱為「童生」，清朝書房教師通常有貢生、廩生、生員、童生為主，以童生為書房師資最多。
[175] 昭和 7 年(1932)之「林氏戶籍謄本」記載，長女為彩妹、四女為芋妹、五女為宜妹、七女為月妹、八女為李妹，餘則無載。

立螟蛉子縠昌公[176]，之後得獨子名維均。其女亦多夭折，或自小便送人做童養媳，其中一女送至高山頂黎家養，一女送至中壢石頭里莊家養，坊間習俗有賣兒子不來往、賣女兒來往的習見。日後遇家中大事如祝壽、婚喪，其女皆偕女婿返家。[177]一日漢唐公歸來，其母與妻告知么女已送走。他亦接受這事實，反映當時的人對於「男尊女卑」的觀念普遍，家中長者有權作主決定孫女去留，童養媳、養女的比例甚高，童養媳在婆家往往是勤勞的工作，綜觀各族群的族譜婦女大都只存姓氏及謚，例如「祖考名庚賜謚剛敏，妣黃氏謚節操（庚賜公）生於戊午年 3 月 23 日未時，黃氏（己未年 9 月 19 日亥時）生子漢安、漢唐[178]」，日久以後，以致後人無從得知女性的全名。在客家務農的家中，工作量極重的婦女有著非常重要的家庭位置，深得家中長者的倚重。漢唐公長子林維均即是至埔心街坊開設保安堂中藥店，媳婦林曾二妹便成了家庭農事的主幹，要負責事奉婆婆以及九名子女的養育，田事、飼養家禽之事都是一肩扛起，養成林曾二妹「獨立自主，自食其力的謀生能力」[179]。女兒不負責原生家庭的傳宗接代，遲早要嫁人，留在家中用處不大，盡早出嫁可以減輕負擔。再來家境大多貧困，將女兒賣給別人做童養媳可得到一筆現金，以舒緩困境，而男方家中也可獲得幫手，助理家務，形同買賣婚姻。童養媳大多境況可憐，如遇上好丈夫尚稱幸運，倘若丈夫不成材，則痛苦一生。有一首客家山歌描寫了這樣的景況，「養女生涯幾時休，勞碌奔波年又秋，命苦雖然天註定，心中含恨又含羞」[180]。在訪談之間，外婆林曾二妹曾表示童養媳的命運是非常艱苦的，年紀小小住在婆家，每日忙家事勤於工作，難得回娘家，想家是最難過的事情。

由於客家婦女在家中的地位非常重要，故對女性的期望高，學者陳運棟表示「家頭教尾」、「田頭地尾」、「灶頭鍋尾」和「針頭線尾」四項婦工。「家頭教尾」是要養成勤勞、儉樸的習慣及侍候公婆、教育子女的能力。「田頭地尾」就是教其農事，如何耕地播種插秧。「灶頭鍋尾」是指要有燒飯煮菜的能力，「針頭線尾」是指要學會縫紉女紅，客家人認為這樣的女性才是值得稱讚的女人。[181]一首客家童謠唱道:「一歲嬌、二歲嬌、三歲撿柴爹娘燒、四歲學織麻、五歲學紡紗、六歲學做花」，歌詞也

---

[176]昭和 7 年(1932)之「林氏戶籍謄本」記載，林縠昌為宋屋地區宋思華、陳祿妹三男，為大正元年(1912)生，林維均為大正三年(1914)生。《臨時臺灣舊慣調查會》（東京：東洋印刷株式會社，明治 44 年(1911)），頁 188-189。
[177]1956 年 2 月 2 日漢唐公七旬加一派下留影，自幼送童養媳之二女攜夫婿返家祝壽。
[178]林彰鎬存，《林家族譜》手抄本。
[179]陳運棟，《客家人》（臺北：東門，1991），頁 16。
[180]劉鈞章，《苗栗客家山歌賞析》（苗栗：苗栗文化，1997）頁 57。
[181]陳運棟，《客家人》，頁 19。

許有些誇張，由此可知客家人對女子是從小訓練起，比如照顧弟妹，打掃挑水、做飯種菜等，長大後自然能獨當一面。[182]

雖然客家婦女以勤儉、能幹、勇敢著稱，一襲深色布衫，赤足、不纏足是便於勞動的寫照，舊時客家男女地位的不平等，可以在日常生活中看出來，例如，在吃飯時，一般都是男人先吃，然後才輪到婦女，或是婦女在廚房中另開一桌或站在圓桌外圍吃飯，無形中成了慣例，[183]漢唐公之孫林彰偉表示印象中曾見他母親（林曾二妹）站在牆邊，等大家用餐完再吃。認命、為家庭奉獻、沒有自己是林曾二妹的寫照。客家民謠「客家姑娘」描述的生活場景，讓筆者想起外婆（林曾二妹）。歌詞如下：

> 勤儉姑娘，雞啼巷（起）床，梳頭洗面，先煲茶湯。頭鍋尾，洗擦光光，煮了早朝（早飯），快洗衣裳。上山砍柴，急急忙忙，養豬種菜，熬粥煮漿。紡紗織布，唔離間房，針頭線尾，收拾櫃箱。唔講是非，不敢荒唐。愛惜子女，如似肝腸。礱穀舂米，沒穀沒糠。人客來到，輕聲細講，歡歡喜喜，拉扯家常。雞卵鴨卵，豆豉酸薑，有米有夢，細算用糧。粗茶淡飯，樸素衣裳，越有越儉，唔貪排場。米缸有米，耐雪經霜，撿柴去賣，唔蓄私囊。唔偷唔竊，品行得當，唔嫌丈夫，唔罵爺娘。人人稱讚，客家姑娘。

除了日出而作，子夜而息，有些孕婦即使臨盆前夕仍照常勞動，有時在山間或田裡分娩，自己接生。[184]林曾二妹曾言，她在懷孕時仍在田裏工作，直到陣痛才回家洗澡待產，因農忙，人手不足，未休息滿月即起身做家務。

在管理家務方面，客家婦女在家中的地位高於其他族群婦女，以致於外界認為客家人是母系社會。在漢唐公 1960 年所立的遺囑中交待，將二子之田園、屋宇交由長媳林邱氏良妹及二媳林曾二妹掌管，包括居住、耕作、收租、納課等事。客家婦女的社會地位不受到尊重，又擔任家中勞動非常重要的角色，這是客家家庭中非常矛盾的現象。林曾二妹遺憾自己是童養媳沒有受教育的機會，女兒考上國立護專難過學費沒有著落，這說明每一代有每一代的辛酸，辛酸的理由不同。

漢唐公的家族觀是儒家倫理。反映在他的行事上，他重視家族六房之間的融洽，歷經移民、開墾與生活的困頓，在面對外族時，需要家族的力量，尋求經濟上的支持及互助合作。在這種情況下，家庭不只是經濟及安全的堡壘，也是教育和行為規範的基礎，家規是非常重要的。學者陳運棟曾表示客家家庭中長輩健在，子孫是不

---

[182] 鍾罩城、徐正光等，《客家文化論叢》（臺北：文化總會，1994）頁 55-56。
[183] 房學嘉，《客家源流探奧》（臺北：武陵，1996），頁 327-328。
[184] 房學嘉，《客家源流探奧》，頁 326-326。

分家的，家族人數增加時，房舍不夠住時，就在本宅範圍增建新房舍，客家人特有的「圍龍房屋」就是這樣形成的。[185]

由於家族人口日漸龐大，當大房子孫們提議分家，這提議與不分家的觀念有所抵觸，漢唐公為此難過數次，漢唐公的二伯安慰說「樹大要叉瓦（分枝），子多要分家」，他以此來安慰自己，家族協議文書記載「上屋」處用資金三百圓蓋房，為期三年，三年一到漢唐公一系搬遷至上屋處正式分家，「上屋」是在老屋的旁邊空地另外蓋一座三合院，原老家稱為「下屋」，協議內容還包括家族多少年輪種田地幾次等文。[186]在〈家族分家協議文書〉的內容上，仍舊可以看出以血脈共同經營族產，維持家族的團結。林漢唐晚年身體不適，在曬穀場坐在藤椅上看子孫們忙著收割稻子及曬穀，感到欣慰。並以歐陽詢的字體書寫「百字銘」，作為家訓。

> 慈寡精神爽，思多血氣衰，少杯不亂性，忍氣免傷財，貴自勤中得，富從儉裡來，溫柔終有益，強暴必招禍，正直真君子，刁唆是禍胎，暗中休使箭，乖裡放些獃，養性須修善，欺心莫吃齋，衙門休出入，鄉黨要和諧，安分身無辱，防非口莫開，世人存一念，災退福星來。

漢唐　時于 1963 年　癸亥正月書

一次同族的堂兄因為家鴨失蹤與漢唐公獨子（林維均）發生爭執，雙方大有械鬥之勢，漢唐公聞訊趕入門內，先將外衣掛妥，隨即欲躺於雙方之間，說道：「子姪輩若要殺我子，吾替子受過。」，隨即瓦解一場可能傷人的械鬥，「鴨子失蹤事件」可以看出他的處世的圓融，是以道德崇高及書生的涵養，贏得鄉里人的尊重。往後發生家族鬩牆之事，有時他會脫口說出搬遷家宅的念頭。然，終一生守成家宅。

書房以自宅場所（俗稱上屋處），為三合院的建築，後院有竹林叢及天井，天井主要是飲水、洗濯菜鴨的用途，廂房住處及學堂多用紅磚砌牆，養鴨鵝間為二進處則以土角牆為主，均為瓦屋，正廳供奉神明、祖先、至聖先師孔子神位，正房兩側為左右護龍，為學堂所在，全盛時期近 70 人，不時有讀書聲。正廳前空地為「禾堂」（客語指埕），做為曬穀、孩童嬉戲的場所。

[185] 陳運棟，《客家人》，頁 365。
[186] 林彰偉存，〈林家家族分家協議文書〉。參見林漢立等，〈仝立鬮分水田茶園房屋物業合約字〉，丁酉年(1947)九月地點安平鎮八角塘尾、楊梅壢長岡嶺、老坑庄，國圖登錄號 2590723。（資料來源：國家圖書館，臺灣記憶 https://tm.ncl.edu.tw/）。

（二）、日治時期林漢唐書房教育的變革

日治時期，臺灣新式教育制度的建立，清代原有的官學如書院、府縣儒學悉遭廢止[187]。公學校建立後，臺籍學生少人入學，當局者以臺灣人「向學心低」來解釋[188]，當地人因學雜費昂貴，加上仇日的心態不願子弟就讀[189]，當時的報章社論提出就學兒童逐年增多，日本當局的初等學校收容力卻沒有擴充，以此為由說明當地教育率沒有提高的原因，初等學校名為義務教育，實為限制。另一項因素，畢業後，難與小學校畢業生競爭，學得一知半解的國語（日語）外，所學又不適用於當時臺灣的社會，造成就業、就學兩難的局面。從以上的觀點來看，民間的書房教育仍有它蓬勃的原因。

書房教育是日治時期私人傳授漢學的唯一管道，除了是培養學生基礎識字及生活上的應用外，做為童生應考科舉的功能早已終止。書房多是由教師在自宅授課，也有由富者或是鄰里之間集資為子孫延請教師合教，書房教師資格並無嚴格限制，舉凡有科舉考試功名者或是讀書人皆可擔任。[190]

漢唐公跟隨龍潭鄧林鳳秀才[191]讀書時期，據明治 23 年（1890）4 月「調查全臺書房概況」新竹支廳之書房數及生徒數目是全臺之冠[192]。在日治時代日本當局曾詢問楊梅人是否願意前往日本學醫，當時漢唐公的兩位同僚舉手願意前往，他也想去卻未舉手。原因是家中經濟仰賴他教學微薄的薪資，家庭責任感重，且需繳交為數可觀的盤纏。於是，他放棄到日本國習醫的機會。同鄉或後進在臺北學校習醫，遠赴日本留學，學成後於楊梅街上開業，如仁安醫院院長張福醮[193]，1951-1953 年首任楊梅區民直選的鎮長。

日治初期全臺灣的書房（私塾）數量有 1707 所，以童生身分的教師為多，占 53.12%[194]，漢唐公屬之。他一邊教書，一邊自讀藥書，嘗試了解中藥的配方及療效，

---

[187] 劉寧顏總重纂，《重修台灣省通志》（南投：臺灣省文獻委員會，1993），頁 417。

[188] 〈就公學的就學難〉《台灣日報》（臺中：臺灣日報社，1964），頁 759-761。及參考〈臺灣教育的機會不均等〉《台灣日報》，頁 661-662。

[189] 陳維慶口述，陳長城筆記，〈日據時期佃農與私塾生活追憶〉《臺北文獻》（臺北：臺北文獻，1993），第 106 期），頁 131。

[190] 新竹市政府撰，《新竹市志》，第五卷文教志（新竹：新竹市政府，1996）頁 289。

[191] 秀才即生員，為及第歲科三考（縣、府、學政）者。

[192] 新竹市政府撰，《新竹市志》，第五卷文教志，頁 420-421。

[193] 張福醮，醫業免許證下附ノ件(1917)，臺灣文獻館文獻檔案，來源識別號 2648。參見:https://memory.culture.tw/Home/Detail?Id=00002648b22&IndexCode=th 檢閱日期 2020 年 9 月 10 日。

[194] 新竹市政府撰，《新竹市志》，第五卷文教志，頁 429。

如《傷寒論》、《神農本草》、《醫分金匱》等書[195]。研究愈深愈發了解藥書的重要性，除了為自己及家人看病外，鄰人聞名前來求取藥單，去藥房抓藥者不在少數。其妻黃完妹中風病重時，漢唐公曾徹夜苦研藥書，自己開藥方，然後步行至楊梅埔心街坊中藥房去抓藥，返家燉藥，希望能治療其妻之病。

大陸來臺的「長山客」（唐山客）授予火燙藥的秘方，作法是將青柿配以草藥搗碎加水，使其發效，裝瓶存留，俟燙傷時浸泡約 20 分鐘，有消腫、減痛之療效。漢唐公就此藥數度向日本衛生當局申請專利，在坊間前來求藥者不計其數。公學校籌設之初，教育方針尚未確立，學習漢文的書房蓬勃，逐漸對日本人設立的公學校形成威脅，日本當局設立規則來加以管治及協助轉型。如明治 31 年（1898）「書房義塾規程草案」及修正「書房義塾規程」、施行細則的公布等，方法中規定書房採用學務部編訂「漢文讀本」。或者舉行書房教師講習會、檢定考試、加強管理、逐漸加強日語教學等措施。日後漢唐公赴楊梅高山頂國語（日文）講習所教書，則因應日治教育政策的轉任，由於日語講習所並不具備預備教育之性質，且無銜接當局教育制度，逐漸定位為漢人學習漢文，應用於日常生活的補習班。

漢唐公先任職於觀音地區區公所之書記，路途稍遠住宿於當地，薪俸多少已不可考，據《總督府文官職員錄》所載區書月俸不足 30 圓，相當於當時臺灣小學校及公學校的助教待遇。[196]不久便赴楊梅高山頂啟明書院講學，舊址現為楊梅啟明宮，天天往返家中與學校之間，腳程須 2 至 3 小時。

大正 11 年（1922）以後，接受新式教育的私塾教師逐漸增加比例，所謂新式教師大體以公學校畢業為主，接受「改良書房（私塾）」者，或是公學校班級未適當擴充，反對裁員的師範分發畢業生，轉至書房教育為業[197]，衝擊著傳統儒生身分的教師。該年臺灣總督府以書房（私塾）會影響公學校兒童就讀情形，認為教授漢文會破壞臺灣人對日本的向心力，因此將書房併入私立學校規則裡加強管理，此外，此一時期之書房由於地方官廳之獎勵和補助成為代用的公學校，以教授日語、修身教學及算術科目為主，漢文為輔，希望透過日語和修身教學替代儒家的教學，轉移臺灣人的文化認同，效忠日本。

漢唐公日後有機會到日語講習所講學，月俸得 8 圓，必將 5 圓留予家用。當地的戲棚作為「國語講習所」的場所，「國語講習所」是以日語教育為中心，係地方州

---

[195] 林彰鎬存，《傷寒論》、《神農本草》、《醫分金匱》等書。
[196] 《台灣總督府文官職員錄》（株式會社台灣日日新報社，明治 44 年(1911)5 月），頁 23 及頁 18 所載明治 42 年(1909)11 月訓令第百九十號「區長事務費及區書記手當支給規則」、明治 39 年(1906)2 月府令第十號「台灣小學校助教、臺灣公學校訓導体給規則」。
[197] 新竹市政府撰，《新竹市志》，第五卷文教志，頁 435。

廳依法規予以統一制定的簡易國民教育設施[198]。據「日語講習所規則」第一章總則，第一條規定：「日語講習所，係對未常用日語而又未受正規學校教育者，授予日語，施以德育、啓發知能，以提高其爲國民之資質爲目的。[199]」對象是未接受日語教育之臺灣人，由青少年及年長者組成學習群，其經營方式是由當地公職人員委託適當者來任教，主事及講師給與津貼。因爲總督府的獎勵，以州市街庄爲單位來編列預算或補助，修業年限以一至四年爲限，一般來說二年爲多[200]。教學內容以日文爲主，漢唐公獨子維鈞公及螟蛉子穀昌公均爲日語國校初等科畢業，具備任教資格，穀昌公具名任教，實則漢唐公私相傳授漢文，原因是漢文爲日常使用者。

據載大正 10 年（1921 年），楊梅庄書房有 4 所，教師 4 人，學生 202 人，女生 2 人。[201]昭和 10 年（1935）及昭和 17 年（1942）的「日語講習所狀況調查」，新竹州是全臺五州裡所數普及率第三名及第四名，講習生以滿 11 至未滿 14 歲者爲多。同時期臺灣人的講師資格調查，中北部以國語初等學校畢業者爲多，林穀昌即是，南部如臺南州及高雄州則以國校高等科畢業爲多。中等學校以上畢業者聊聊可數[202]。自大正 9 年（1920）至昭和 19 年（1944）「臺灣總督府的統計表」及「學事年報」來看，在臺日籍學齡兒童就學率由 95.6%上升到 99.6%，而臺籍學齡兒童由 20.7%到 71.3%，在日本當局決定實施義務教育[203]之前，就學率已普及，書房教育實際上是補臺灣人教育之不足處。

當時規定書房（私塾）必須採用學務部編定《漢文讀本》[204]，且採用之教科書必須經由各地方廳長批准，常見的狀況是因缺乏明確的罰則，民房教育單位多主導權，書房教師無資格、無功名者僅次於童生教師[205]，造成私塾數目增多，而教學品質滑落。漢唐公執教漢文，螟蛉子林穀昌掛名講習日文，爲當時常見之情形。隔年臺灣留學生的「白話文」運動，籌組雜誌社，發行《臺灣日報》，該報報導「舊式書房乃漢文學者之養成機構，殊非日常生活實用漢文之傳習所。[206]」，鼓吹新式教育者開設書房。《臺灣民報》社論評述「優秀的人物，得漢文之力，正可做社會的先覺，

[198] 新竹市政府撰，《新竹市志》，第五卷文教志，頁 237。
[199] 新竹市政府撰，《新竹市志》，第五卷文教志，頁 247。
[200] 新竹市政府撰，《新竹市志》，第五卷文教志，頁 237。參見昭和 8 年（1933）公布之「日語講習所條例」，規定講習年限 2 年以上，講習科目為修身、日語、歌唱、公民、體操等。漢唐公之講習裁酌為修身及學習日語為主。
[201] 周浩治總編纂，〈文教志〉《新竹縣志續修》（竹北：新竹縣政府，2008），筆者認為此統計數字有保守之嫌。
[202] 新竹市政府撰，《新竹市志》，第五卷，文教志，頁 238-244。
[203] 汪知亭，《台灣教育史料新編》，（臺北：臺灣商務，1978），頁 46-47。
[204] 認為漢書有若干崇清文字，不妥，因故重新修訂新版本。
[205] 新竹市政府撰，《新竹市志》，第五卷，文教志，頁 435。
[206] 新竹市政府撰，《新竹市志》，第五卷，文教志，頁 434。

若凡平庸的徒輩，得略識些文字，以簡易的文字，編成教材，有根據於實際生活，」[207]，將漢文學習分爲進德及實用二個層面。昭和 4 年（1929）臺南蔡培火致力於羅馬白話字普及運動，開設白話字講習會，欲以白話字之簡易普及民眾教育。[208]白話文之於大眾的學習效應逐漸擴大，取代了閱讀文言文的經典書籍。

漢唐公對「白話文」的看法頗不認同，[209]時而和清末當地同窗好友古強、葉步猷等童生，寄情古文，評論前清士子文章及書法，吟哦作對，每至深夜而止。約略至大戰之後，逢地方節慶作戲棚或殺豬宴客，漢唐公提筆寫信邀請友人來訪作客，信中寫道熱鬧之景，必以「鬧熱」一詞替之，實爲客語式之思考，用文言文兼白話文、方言表達其意，此特點在早期臺灣客家作家吳濁流、賴和、鍾理和等人的文采裡，有類似語言融合的特色。

第一次世界大戰後，民族自決的風潮傳入臺灣，民族意識的抬頭，學者程大學認爲這股風潮影響了書房數目的提升[210]。雖然實施「共學」制，實際上漢人和日人有教育上的等級差別，引發臺灣人的不滿。公學校設立之不足，私立學校之不興[211]，書房教育繼續填補失學者受教的機會，《臺灣民報》社論〈漢文復興運動〉，指出公學校不重視漢文最爲缺陷者，除社會生活中必要外，日本本國、朝鮮、安南等東洋及南洋諸國均通用[212]。直到昭和 12 年（1937）中日戰爭爆發，公學校廢除漢文科，漢文書房遭禁，6 年後實施義務教育，頒發「廢止私塾令」爲止。

漢唐公除了擔任私塾教師一職外，同時也是農民／地主的身分，書房教學是經濟主要的來源，大正二年（1912）臺灣總督府「臺灣統計要覽」所載，教師的年收入不過二、三百圓。公學校教諭領「判任」爲書房教師津貼十倍之多[213]，如此不良的教學環境下，書房教師爲求糊口，必須兼職副業。

漢唐公嘗試和人合作開業，如開瓦窯場、布行、米行等，瓦窯場舊址位於現今埔心美亞鋼管場，不得已賣大溪附近 3 甲祖產地，籌措設廠資金，和當地人陳印合作出資開業，因不熟悉瓦場實務，終告失敗。又於楊梅街坊開「彩白店」（布行），

[207] 吳密察、吳瑞雲編譯，〈鼓勵漢文的普及〉《臺灣民報社論》（臺北：稻鄉，1992），頁 164。
[208] 吳密察、吳瑞雲編譯，〈須要獎勵私學〉《臺灣民報社論》，頁 643-645。
[209] 訪談林彰揚，「漢唐公對白話文的立場」，2008 年 5 月 20 日。
[210] 新竹市政府撰，《新竹市志》，第五卷，文教志，頁 437。
[211] 〈急宜撤廢取締學術講習會的惡法〉《台灣民報社論》，頁 161-162。提出當局壓迫、限制，如「學術講習會取締規則」、「私立學校規則」。致使大正 12 年（1923）文化協會成立的「文化義塾」不成等事。
[212] 吳密察、吳瑞雲編譯，《臺灣民報社論》，昭和 3 年（1928）11 月 4 日社論，頁 588。
[213] 新竹市政府撰，《新竹市志》，第五卷，文教志，頁 436。

兼營花生、綠豆等乾糧。生意是屢試屢敗，其長孫林彰揚歸因於一介書生道德感極重，不擅生意人的應酬。[214]

漢唐公及其兄長漢安公都曾擔任「保正」[215]一職，兩年一任，保正相當於現今村里長，擔任保正資格為家族三代清白、有才幹、有家產及有聲望者，當其子林維均擔任保正，公學校畢業，正值日本發動侵略戰爭（1942），呼籲臺灣人民繳糧助日戰，無糧者拖至埔心三元宮廣場前棒打，埔心矮坪有一居民心生畏懼為此自殺，維均公為維護地方民心安定，向日本當局說明人民須要穀糧「做種」（育種）用途，以此理由得穀糧一百斤分於鄰里居民，暫得以裹腹。日後兵營下（梅高路至永平一帶）楊錫鈞者遇林家後人[216]，告知此事，云今生救命恩人為漢唐公及維均公，不見史載，情意深重。

「量入為出」是客家農村普遍的價值觀。林曾二妹表示家裡貧困，請一次客，省吃三日，補償宴客的開銷，尚簡樸而不失禮節。漢唐公赴楊梅高山頂日語講習所講學時期，據林曾二妹表示漢唐公攜家中菜脯乾、米等糧，早上食飯加湯、中午食蛋半枚加豆豉湯配飯、晚餐則食半枚剩蛋加醬油配飯。這便是漢唐公「一蛋吃一日」的作法。林漢唐身體力行，節儉勤樸，據子孫輩表示林漢唐惜紙如金，讀其手稿常發現其利用廢紙的空白處，書寫信件或抄寫文章。惜物、惜福之心溢於言表，子孫們將客家儉樸的美德保留至今。

日治時代的就業人口比率裡，服務業的人口數量漸增，次為工業，而從事農業工作者則緩降，[217]這是臺灣走向工業化的時代趨勢。日治時期大多數臺灣人務農，在治理後期農業人口有所減少，工商業者有所增加。然，在職業結構性上沒有顯著的改變，可以歸咎於舊有傳統及日本殖民政策的影響。[218]同時期的「農家家庭收支表」[219]來看，大正 4 年（1915）到昭和十五年（1940）農家的農業生產所得，由 148 圓提昇到 290 圓，平均農人所得及日常消費後，儲蓄所得並不多。昭和 7 年（1932）《民報社論》評述「為政者……往往偏重商工方面，對於農村疲弊的對策，向來實多被閑卻了。[220]」，雖漢唐公經商投資屢不順遂，卻無改變他「有人斯有土，有土斯

[214] 訪談林彰揚，「漢唐公經商的事蹟」，2008 年 5 月 20 日。
[215] 1898 年日本當局頒布「保甲條例」及「保甲條例施行規則」，臺灣每十戶為一甲，十甲為一保，甲長為今鄰長，保正為村里長，是無給職，由各戶選舉推派，再由地方官認可後出任。
[216] 訪談林彰鎬，「林維均當保正的事蹟」，2005 年 5 月 25 日。
[217] 劉克智，蔡青龍譯，《臺灣人口成長與經濟發展》，（臺北：聯經，1979），頁 65。內文有關 1915 至 1940 年的就業人口及行業類別。
[218] 國史館編，《中華民國社會志》，上冊（臺北：國史館，1998），頁 79。
[219] 劉克智，蔡青龍譯，《臺灣人口成長與經濟發展》，頁 278。有關「日據時期臺灣的就業人口和主要行業類別」、「日據時期臺灣農家的家庭收支表」、「日據時期臺灣農家的支出內容比率表」。
[220] 劉克智，蔡青龍譯，《臺灣人口成長與經濟發展》，頁 971-973。

有財」的重要信仰，漢唐公因此賣大溪祖產籌措資金，此舉使得他愧對祖先內心煎熬，另一方面期望生意做成後，有機會為家庭經濟舒困、子孫求學無慮之後，再買回祖產。這，隨著生意的失敗，終究沒有無實現。

（三）、戰後的梅溪學堂時期

在二次大戰後，書房教育有如春火般興起，原因是政權的轉移，臺灣重新回到中國管轄，人們學習漢學以求適應新政府。[221]國民政府實施「公地放領」政策，自耕農取代傳統地主，改寫了農村結構，農業技術的發展及採用機械耕作，使得 1951 年到 1971 年間農業生產力的年成長率平均達 5.3%[222]。漢唐公由「義民會」處申請到 2 甲多的土地，家中經常僱用長工 2 人[223]，雖已逐漸轉型為工業社會，農民的收入仍無顯著的增加，主要是「以農養工」的政策下，農產品價格是政策性的維持低廉，「耕者有其田條例」限制下農民土地不得超過 3 甲，使得每戶農家擁有耕地面積太小[224]，並且土地的繼承是由諸子分產。農業社會逐步走向工商社會，漢唐公繼續從事書房教育，務農之事交付兩位兒子及媳婦，家中請長工幫忙，他維持著農村勤樸的生活習慣，對稻作的成長與節令的規律相當關注，由後節摘錄他的信件可以佐證，充份說明農人靠天吃飯的宿命與憂心。

1951 年統計，不識字的人口占臺灣總人口 34.62%，約為 1/3 的人口失學。自修及上私塾者占 3.82%，省立學校的師資缺乏，省立師範學院成立後，師資的供應仍然不足，這是全臺灣普遍的教育現象。於是大量採用代用教師，在青黃不接的教育機制下[225]，顯示書房教育在二次大戰後仍有它繼續發展的原因。

1961 年以後，不識字的人口逐年下降約 10%，自學及上私塾者約為 2%的人口，說明不識字的人口並未循私學管道去受教育，而是進入初中、國小學習，楊梅初級中學創設於民國 1948 年，並於 1955 年之後陸續設了七所分校，遍佈楊梅附近鄉鎮，戰後中壢農村學校改名為中壢初級農業職業學校。

---

[221]訪談曾乾政，「戰後臺灣學習漢學的現象」，2004 年 3 月 21 日。
[222]劉克智，蔡青龍譯，《臺灣人口成長與經濟發展》，頁 509。
[223]訪問林彰揚、林彰偉，「漢唐公由義民會申請到二甲地事蹟」，2007 年 10 月 28 日。
[224]劉克智，蔡青龍譯，《臺灣人口成長與經濟發展》，頁 509。
[225]汪知亭，《台灣教育史料新編》頁 279-282。

戰後臺灣人口教育程度及不識字率與學齡兒童就學率統計表

年份	總人口數		大專以上程度		高中及高職		國小及國中初中	
			人口數	%	人口數	%	人口數	%
1951	7869247		83353	1.06	194281	2.47	2970821	37.75
1961	11149139		172470	1.55	425323	3.81	5573794	49.99
1972	計	15289048	578949	3.79	1378139	9.01	8618715	56.37
	男	8037411	408569	5.08	894690	11.13	4735671	58.92
	女	7251637	170380	2.35	483449	6.67	3883044	53.55
1982	計	18457923	1346342	7.29	3041071	16.48	9766411	52.91
	男	9606148	868209	9.04	1722600	17.93	5169833	53.82
	女	8851775	478133	5.40	1318471	14.89	4596578	51.93
1992	計	20752494	2440276	11.76	5028105	24.23	9986921	48.12
	男	10708281	1430700	13.36	2674718	24.98	5189078	48.46
	女	10044213	1009576	10.05	2353387	23.43	4797843	47.77

年份	其他			不識字		學齡兒童就學率
	人口數		%	人口數	%	
1951	300314		3.82	2724347 (2682727)	34.62 (43.43)	（81.5）
1961	373159		3.35	2283652 (2884282)	20.48 (25.87)	96.0
1972	計	429553	2.81	1741474	11.39	90.72
	男	245115	3.05	474961	5.91	92.49
	女	184438	2.54	1266513	17.47	88.94
1982	計	377592	2.05	1538803	8.34	95.89
	男	200807	2.09	413015	4.30	95.90
	女	176785	2.00	1125788	12.72	95.88
1992	計	202678	0.98	1152856	5.56	96.96
	男	106629	1.00	296580	2.77	96.95
	女	96049	0.96	856276	8.53	96.97

資料來源：

1. 國史館編，《中華民國社會志》，上冊（臺北：國史館，1998），頁 115-116。

2. 其他一項係指私塾及自修（學）者，不包括學齡兒童（6-14 歲）。

　　陸續改制及分設學校，楊梅地區教育制度逐漸健全，社會讀書風氣興盛。此時，書房教育並未結束，而是再次轉型成為學齡前兒童的學前教育[226]，以及封閉的農村裡少數失學者、年長者的學習場所，書房教育具彈性的學習時間，可配合農事的閒忙作調整。

　　書房（私塾）的設置有三種情形：（1）是鄰人共同合議選定房舍。（2）是教師自宅充當學堂。（3）為眾人擇公家地如寺廟、祠堂為學堂開辦處[227]，梅溪學堂是自宅充當學堂的例子。長孫林彰揚幼時與漢唐公同眠，記憶深刻，凌晨 3 點左右，漢唐公用腳趾夾其孫，喚醒告知早讀時間已到。於是，祖孫 2 人起床早讀，長孫林彰揚，是孫輩唯一跟著祖父念私塾教育，習字長達兩年，習文 1 年，直到進入小學前。

　　1970 年臺灣的產業明顯轉型，牽動社會結構的流動率高達 6 成以上，[228]以「臺澎地區人口職業組合演變表」[229]來看，農漁業人口不斷遞減，相對地工商業人口逐年增高，顯示農家子弟大多不願務農，離鄉接受完整教育者增多，1950 年全臺設校約 1504 所，到 1988 年全臺設校為 6940 所[230]。義務教育的實施和學校數量的增加，正式取代了私塾教育的功能，末代書房教師轉為庭訓的精神領導，子孫咸認為無論日子清苦與否，接受教育是重要的。60 年代的海外留學潮對臺灣教育及師資產生很大的影響，林彰揚於漢唐公去世 3 年後留學美國（1971），回想起扎實的漢學訓練，養成他持之以恆的讀書習慣和務實的人生觀。習慣了書法的抑揚頓挫，在書寫英文字母時，有些許不流利感，這是東、西方文化的差異。[231]

　　漢唐公對子孫的教育咸為注重，在外求學者除長孫彰揚外，二孫女林桂英也收過祖父叮嚀的家書，年久已遺失。孫女桂英曾記得祖父每夜的陪讀，為子孫削鉛筆的身影，自祖父身上得到除了父親以外的父愛。摘錄部份家書，以窺其人生觀：

> 接來信（指孫林彰揚）已知一切。所謂爭取（指獎學金）事，爭得到爭得不到未定校中人大多強中更有強中手，得下次再來，爭取 4 百元為多數，怪得吾苦樂得有爭取權則已快活，暑假將來到了，正來賺過亦可。你檀姑丈早你有信去他亦早有相當打算，所講要將相托葉寒青[232]先生看如何，吾亦有發信與臺北圖

[226] 訪問曾乾政，「戰後楊梅地區學習漢學的現象」，2004 年 3 月 21 日。
[227] 劉克智，蔡青龍譯，《臺灣人口成長與經濟發展》，頁 417-418。
[228] 劉克智，蔡青龍譯，《臺灣人口成長與經濟發展》，頁 11。
[229] 全名為「1951 年至 1992 年臺澎地區人口職業組合演變表」国史館编，《中華民國社會志》上冊（臺北：國史館，1999），頁 118-120。
[230] 黃俊傑，〈中國史教育的新展望〉，《戰後臺灣的教育與思想》，（臺北：東大圖書，1993），頁 258。
[231] 訪談林彰揚、林彰偉，「林漢唐的教育觀」，2005 年 10 月 28 日。
[232] 郭薰楓等，《桃園縣誌》，卷五文教志（桃園：桃園縣政府，1950），頁 116。葉寒青為日治時期竹南、中壢區長，光復後為中壢農業職業學校校長，北平朝陽大學經濟系畢業，推算應在葉氏任區長時與漢唐公同事。

書館黃阿新代尋，也有托彰鎰在案盡搜集事業門徑，未知如何有無，盡人謀事成在天，總盡力量而已，本季稻經（莖）已敗壞慮，失望定無收，桃園透下竹北（北部）鐵路邊稻，高看，青青田龜裂盡了，洗衫要進鑽尋有位置可洗，新聞（6月2日）所說昨日暑降甘霖，缺水現象逐漸解除，此虛報。每日如是報慮，不可聲明，可看不可說。但臺北一部份實有加落水，汝的費用若不足暫借，回來即完他，手信不可買，一切準備好勢歸來，寬寬勿亂，先此囑及祝

旅安　　　6月2日　　愚祖父書彰揚吾孫知悉[233]

頃日據閱報紙，屢屢報道全省南北各處普降甘霖雨，又云各處陣陣雨，缺水現象逐漸解除，看得很氣，心傷吾處點雨不降，遂致昨日（6月3日）吾信發後，晚間始點點而下，9點半鐘起至10點15分傾盆傾斗而下，過後至天明，點點滴滴不停，今4日下午仍然細雨稀疏肯來，幸福或有可望，乾涸河變有流通水，洗衫亦有位置，翹首仰天，諒尚有可望，但稻作病虫害，何害用何藥，用肥料方法用選種法等等，汝當認真研究實習，前信通知有漏（降雨再補）[234]」

因吾家貧故想領此獎學金，再三凝神思索，……農民獎學金多人爭取，吾想吾成績合以所求，不知更高者尚多，強中更有強中手，萬一脫線何恨如之，不若爭取桃縣獎學金為易也，雖年年加動精神，汝宜即問有路前去申請，不可待校方公佈，……下學期工讀生宜早未雨綢繆，月月成算，相添可以寬懷，岢此草草，走示千里神馳，旦夕惟汝是念，保守安康為慰。[235]

目下天氣忽寒忽熱，大熱汗出，轉涼汗燥，容易感冒傷人，汝旅居注意前云肚腹脹經有稍癒否？曾去請醫服藥自然易驅除，至若蚊虫多位所，三人或二人共同大蚊帳弔張開來，電火照入讀書，不勝方便且好勢，親像吾家油盞火，油煙大且危險，勢不奈如之何，維船位置大熱亦無奈何，市鎮衛生最要清淨，清潔、清涼、乍寒乍熱自宜慎重，食飲亦宜慎重為要，高山頂汝上妹姑忽然死去（昨夜），明日還山，悲哉!痛哉，諒必腦溢血。

3月10日[236]又者本季吾稻及早蒔慢蒔都好，一般都係好觀，此回天災遭劫後獲得救生，目下寒早至宜注意，隄（提）防為要，草草以囑。10月18日[237]彰揚：獎學金諒無公布，前寄5百元又寄完船貳佰元，又付船2佰元與汝，今回又寄4佰元，共計1300元。全係檀姑丈向借的。家中窮如洗，桂英（二孫女）來金

[233] 林彰揚存，漢唐公家書，1962年6月3日。
[234] 林彰揚存，漢唐公家書，1962年6月4日。
[235] 林彰揚存，漢唐公家書，1962年10月10日。
[236] 林彰揚，林漢唐書信，1962年3月10日。
[237] 林彰揚，林漢唐書信，1962年10月18日。

不敷家中使用及完人零星，幸田中稻子美濃茂盛，無稻熱病及傷虫害，諒收穫不遜去年，或者較勝去年，母豚加 15 日生養，听算加 3 個月，子豚賣大豚，賣諒有 7、8000 元入手，至其時，早季收成完了，伙食有錢，有支出、有收入，來去有。不至徒窮無入息，實可虐，今年茶無摘，僅賣 2-300 元而已，今吾老衰，不多寫，懶不必回，汝用功努力可也，草草特覆。[238]

家書內容通常簡言閒談，漢唐公關心之事，除農事、家事外，勉勵孫輩進德修業，如「稻作病虫害何害用何藥，用肥料方法用選種法等等，汝當認真研究實習」，生活作息的叮囑，家中欠債情形一一告知，即使孫女桂英等人寄錢回家仍不足還債，也須感恩親友如檀姑丈的鼎力幫助。在農事煩瑣中，仍勉力子孫完成學業，不可以因為現實的困境而半途廢學。如孫林彰揚申請獎學金一事，先以成績優異勉勵他，繼之提及能具申請資格已是快活，恐子孫未通過而難過，又論及「強中自有強中手」來說明祖父的諒解，深知知識是可以改造自己的命運，讀植物病蟲害專業是有益於改善家中農事，以資生產，盡完人事、即聽天命，人要積極又要知天命。

林漢唐的書信分為明信片及平信，載不多言。信紙有學堂學生練習簿紙、隨手筆記紙或裁一截某申請表格背面空白處書寫。據子孫輩表示漢唐公惜紙如金，不浪費的習性，即使薄如蟬翼的日曆紙也妥放，以備不時之需。龍潭區的聖蹟亭，又名敬字亭，提供在地客家人焚紙，敬紙簡約的精神表徵。漢唐公發出的信封正面必書其全名，背面必寫寄出日期，封處有時以交叉為記號，以示慎重。

書信用語為白話文混合客語、文言文，文字如見其人的流暢，如「怪得吾苦樂得有爭取權則已快活」、「電火照入讀書，不勝方便且好勢，親像吾家油盞火」，電火是指電燈，「完人零星」意指還人一些債錢，「鐵路邊稻禾一帶看青青，天龜裂盡了」青青是指光禿之義，「信不可買」意指禮物不可破費，「正來」是指回家之意。祖父的家鄉語是出外遊子的慰藉。

（四）、林漢唐書房教育的紀錄

日治時期書房的位址是新竹州中壢郡楊梅庄頭重溪 23 番地，光復後改為楊梅鎮梅溪里 10 鄰頭重溪 45 號，林姓家族俗稱的「上屋」處。原本書房和住家分為上、下屋，經林姓家族協議分家後，漢唐公遷於上屋，教書和住處同一地方。漢堂公的學生以楊梅地區口耳相傳而來，一為高榮（今高山頂），另外分別由八張犁、矮坪仔

---

[238] 林彰揚，林漢唐書信，約 1964 年。

庄（今瑞塘里）、山頭下[239]。學生有學齡前、孩童、初中沒考上等，學齡前為提早識字之用意，其餘則不識字，以求識字，或者是初中入學考試難，希望再進修的管道。客家童謠[240]所述「逃學狗，滿山走」、「某（沒）讀書，某（沒）老婆」、「有書某（沒）讀滿街盪……做討食，真淒涼」，「我們做事愛趕早，……讀書還係定心好」，反映了客家人勤勞讀書的觀念。學生的入學儀式，學生須備蔥、蒜或者韭菜，首尾綁緊，在圈上紅紙，懸吊於孔子神位兩旁，希望自己的子女「聰明」、「會珠算」，能夠用功向學。學生須自備書本及椅子。書房課程說明，學習時期通常正月 15 日至 2 月初一開課，12 月下旬散課。[241]學生大約早上 7 點到私塾，住遠地者通長須走 1 至 2 小時的腳程，先至孔子神位前行禮，放學之際，再次向孔子神位[242]行禮。放學時間隨著節令而改變，日長則午後 5 點放學，日短則 4 點為限。

梅溪學堂全盛時期高達 70 人，相傳遠處都可聽見朗朗的讀書聲。男女比例約為 70：10，女子少有讀書機會，或因同儕的譏諷而不來學校，相當高比例的養女及童養媳因農事而無暇念書，尤以農曆 6 月割稻完隨即種稻，鄰村或家族互相幫忙更是如此，經濟不好也是另一項因素，無力繳學費者輒以食糧替代，如米五斤等，再無食糧又有心向學者，取代以打掃學堂、奉茶，類似值日生的工讀方式。

日治至戰後初期楊梅地區書房教師

序	教師	教授地區	備註
1	楊仁	楊梅大金山附近	東海貨櫃（桃園市楊梅區環東路 292 號）附近，楊梅前鎮長陳鎮安夫人爺爺，人稱「楊秀才」。
2	呂廷喜	楊梅大成路 84 號	其子呂偉元楊梅國中數學教師。
3	鄭廷濱	楊梅新成路與中山路交會	開私塾兼算命。黃慶祥、曾乾政為其學生。
4	謝鼎	楊梅錦華街	東海排骨店（桃園市楊梅區武營街 2 號）的對面。
5	劉文清	楊梅高山頂	學生郭阿壽曾任代理第五屆鎮長、黃源全之師。
6	林漢唐	埔心頭重溪	楊梅埔心頭重溪 45 號，曾拜貢生李涵芬為師。
7	劉金標[243]	楊梅秀才路	楊梅庄助役、庄長，曾任鎮長語張芳杰校長創設楊梅中學。其子劉道明國中老師。

[239]現為楊梅鎮埔心地區永平工商學區附近。
[240]鍾榮富，〈客家童謠的文化觀〉，《客家文化研討會論文集》，（臺北：文化部，1994），頁 134-137。
[241]汪知亭，《台灣教育史料新編》，頁 18。陳長慶口述頁 133 部份，詳記正月 20 日到 12 月 16 日，逢清明、祭孔、端午、普渡、魁星公生日、中秋、冬至均放假。
[242]如借廟堂作為私塾須向正殿正神上香行禮，再向偏殿魁星行禮。而自宅通常設孔子牌位，不畫像，以紅紙寫「孔子」名，其禮如一。參見陳長慶、林曾二妹口述記錄。
[243]劉文標為 1946 年楊梅第一屆鎮長，與張芳杰校長籌建楊梅初級中學。著有《人生之目的與佛教》

8	謝石	楊梅校前路高速公路橋旁	新竹州中壢郡溪南楊梅庄伯公岡，長男謝春妹 1920 年大坡公學校畢業，謝石為富岡集義祠（萬善爺廟）第 1 代管理人。
9	楊阿珍	楊梅二重溪	曾設日語傳習所速成科、公學校教員，擔任楊梅初中籌建委員會顧問。
10	古道興	（待考）	曾拜貢生李涵芬為師。
11	葉逢春	（待考）	為咸豐年間廩生。
12	林漢立	林漢唐同族遠親	為清中期臺北初開科的秀才，曾經擔任大甲溪堤防官，楊梅公學開創期也擔任學務委員。[244]

資料來源：

（1）楊梅鎮志編纂小組，《楊梅鎮志》（桃園：楊梅區公所，1990）

（2）訪談黃源全，「有關楊梅地區私塾的概況」，2001 年 4 月 2 日。

（3）訪談林彰鎬，「有關漢唐公生平及對家族鄰里的影響」2001 年 5 月 25 日。

（4）訪談鄧文雄，「有關漢唐公師廩生鄧林鳳情形」2001 年 5 月 5 日。

（5）訪談羅濟鎮，「有關楊梅私塾的早期資料釋義」2001 年 4 月 12 日。

　　楊梅地區戰後初期學堂甚多。以地緣來區分，分為街區及鄉間，教法大同小異，不同之處在於鄉間的書房學生多農家子弟，需要顧及農忙／收割時段，彈性地調整上課時間。街區書房子弟多為商行子弟，書房教育蓬勃，以現今楊梅街上大成路來說，約一公里的長街，戰後初期達四家以上的書房。[245]

　　教育內容大都沿襲儒家經典之內容。以梅溪學堂為例，啟蒙者以識字為主，毛筆沾紅硃點字句，年幼者以一句為限，如「人之初」。年長者則視程度而點字句長短。通常先點的書有：《三字經》、《增廣》、《百家姓》、《尺牘》、《孝經》等，循序漸進研讀的書籍有《四言雜詩》、《七言雜詩》、《幼學》、《四書》等。粗略分別《雜詩》是從

一書。

[244] 林彰揚存，〈林漢立傳〉《林家族譜》，頁 354。「林漢立，別號伯棠，官名鎮豐；清代中葉臺北初開科的秀才。曾經擔任清代大甲溪修理堤防官，非常稱職。居官時手不釋卷。他說：「居官者能得半日治事、半日讀書，則于身德業，大有長進，庶不至流為俗吏」。所以他雖身負重任，每天都要挪出片刻功夫，齋居靜室，取經史諸書及古今格言，翻閱一段。他又說：「居官者，可以一日不食，不可一日不讀書，可以一日忘肉味，不可一日忘書味」。大甲溪堤防竣工後，伯棠返鄉教育子弟，春風化雨培育不少地方人才。又作一首座右銘云：『閒時看書、忙時定風、早晚時食、節慾養心、修身齊家、正己化人、念念存利民濟物、事事準天理人情、坦白以施教、慎密以謹機、立事惟豫、杜漸于微、矢志思報君親、慎獨如對天神、勿浮幕而熱中、勿造次而違仁』。乙未年，臺灣割讓給日本，伯棠驚聞之下，內心痛憤不已，暈倒不省人事，急救方甦。楊梅開設公學時。被挽為學務委員。無法拒絕。一年後。飄然辭世。」

[245] 訪談曾乾政，「關於楊梅地區書房教師之情形」，2004 年 4 月 2 日。

商者必學，《幼學》則爲代書者用，《四書》爲上進者考試用。獲得書籍的來源，除了街坊書局外，鄉村大多仰賴「走水販」，有的揹書籍來賣、有的揹現成的藥、其他日用品，沿庄叫賣，缺貨者可預約，爲鄉下書籍補充的主要來源。

午學部份，昔日農業社會並無午睡習慣，因此，休息時間通常練毛筆字，以小楷爲主，老師並無給予字帖，而是在習字簿上每行最上端用紅硃寫一字，學生逐行寫下。至於年長者，老師隨性背出一長篇文章，如〈滕文閣序〉，題於習字簿上，再請年長學生照文練習。

用客家語解釋課文，每日一篇爲主。請班長、師者板書《二十四孝》、《論語》四書內容於黑板上，此部份不分年齡層。珠算是配合口訣或公式，朗朗上口之後，求得學生平日的應用。綜合以上的課程來看，漢唐公的教學在楊梅地區是大班制。比較正規及大班制才有加練小楷及珠算課程，小班制的課程分配較無編制，打破上午識字、下午釋文的形式。漢唐公教學嚴格出名，認爲不打不成器，有些學生非自己向學，常上至一半藉故逃學，於是，漢唐公想出辦法，欲上廁所者，須持一木棍去，下一位欲去廁所者，則須等待木棍歸來方去，以此方法防止學生「尿遁」。覆誦不來者，輒施以夏楚。一次學生嬉戲，於學堂附近鐵道上放置鐵棍，漢唐公得知後爲之動怒，要學生兄長隔日來當面領回學生，認爲「此頑劣者無法可治，連火車都會給他「扁」（翻）過去。」[246]。

林漢唐的書房課程規劃

早學	認字爲主，學齡前：點字短，孩童至大人：點字稍長。
午間	學生自備便當，放於老師家中灶邊，用餘燼烘熱食用。
午學	練小楷，解釋文言文一篇，教授珠算。
考試及作業	回去背書、當場口試今日所教。
備註	日治時期十日一旬，每月放假三天。臺灣光復後改爲七天放假一次。

資料來源：

訪談林彰鎬，「有關漢唐公生平及對家族鄰里的影響」2001 年 5 月 25 日。

訪談林彰揚，「有關漢唐公書房課程內容」2012 年 6 月 30 日。

課程隨地區及教師之教法稍有異，導源於非政府之正式學習場所，但課程不脫啓蒙、因材施教、生活性之特色。對於初學者或再進修者，不致視學習爲畏途。有些學生學習成效不佳，是尚未體認到教育之重要性，認爲只要學會識字，生活應用上即可。

---

[246]訪談林彰鎬，「有關漢唐公生平及對家族鄰里的影響」2001 年 5 月 25 日。

　　臺灣戰後初期，屏東縣鹽埔鄉漢學教師張明治，以《四書集注》、《幼學瓊林》等讀本來教授漢學，當年私塾書學費是 6 個月 100 斤穀，張明治以泉州話朗誦《孟子‧梁惠王》，師承父親張文見的書房教育，日治時代漢文老師少，地方保正與日本當局說明以後，漢文教學得以繼續。[247] 書房學生，除了耕作、讀書，也要學會撰寫書信、公文書，教材增加《指南尺牘》、《白話尺牘》等書。

　　教本有《臺灣地理三字經》、《百家姓》、《最新千字文釋義》（廣義書局出版）、《千家詩》、《增廣昔日賢文》、《四言雜字》、《幼學瓊林》、「朱子治家格言」、《尺牘》、《前後二十四孝圖說》（明善書局出版）、《四書》、《芥子園書畫》（附標：古今名家墨跡）、《精選名文》等，其餘如《三國演義》等小說類及醫書如《幼科鉄靜》（福省寶章堂梓行）、《經驗良方》等，為漢唐公自修醫學用。茲選介教本如下：

1. 《三字經》、《百家姓》：一般的《三字經》相傳是（宋）王應麟所撰。清末學者章太炎增修，後人又陸續增訂內容[248]，通篇為三言句，有六字成句者，如「人之初，性本善」。也有十二字成句，如「稻梁粟，麥黍稷，此六穀，人所食。」，也有三十字成句者，如「父子恩，夫婦從，兄則友，弟則恭，長幼序，友與朋，君則敬，臣則忠，此十義，人所同。」由上文觀之，莫不是為初學者識字及修德修業之用，復述為學之循序漸進，如「凡訓蒙，須講究，詳訓詁，明句讀。」「為學者，必有初，小學終，至四書。」，凡論語、孟子、孝經等經典簡單概要的敘述，既已明經，方讀子，自伏羲神農始，將足堪表帥或為鑑的君臣簡要提之，讀此段文則可通中國歷史之演變。後人有陸續增訂內容部份，清朝宣統讓位後，學者陳立夫增訂「革命興，意氣雄，廢帝制，效大同，舉總統，共和成，復漢王，民國興。」之文句。末文說出讀史經可知興衰，仲尼、蘇老泉等古聖賢好讀書，何況凡人。通篇淺顯、白話的詞語，適合年幼、不識字者初學，殆朗朗上口後，自然融會貫通義理。

   《百家姓》書中所收的姓氏約五百餘個，包含複姓在內，全篇用四言句編成韻文，以便順口不饒舌。僅是一些姓氏串連，並無義理，純為識字之途。如「趙錢孫李，周吳鄭王」，複姓部份則為「司馬、上官、歐陽、夏侯、諸葛……」。

2. 《尺牘》、《幼學瓊林》：「尺牘」是生活中的應用文體，私塾教育納入必修之課程。「尺牘」概略來分可分為慶賀、請約、薦聘、允辭、稱謝、家書等體例，形式上須兼顧稱謂、正文、珍衛、具名等結構，內容則偏重辭達意通則可。

---

[247] 翁禎霞，〈80 歲漢文老師‧兒時讀本傳家〉《聯合報》，2013 年 9 月 9 日。

[248] 坊間《三字經》版本眾多不一，本文採用郭潔明編，《三字經精解》，（臺北：宏業書局，1976）的版本。

農業社會一般民眾大多仰賴私塾教師的代筆，常見的有代寫春聯，此外也寫合解書、招贅書等。潤筆之酬約三、五元不等。

3. 《幼學瓊林》：原本爲清朝西昌程允升及山陰石秉楠所輯成[249]，後人有增訂繪圖本，稱爲《繪圖幼學故事瓊林》。卷首說明內文大要，有「天文圖、地輿圖、河圖洛書圖、五嶽圖、帝王圖、歷代史紀、禮帖式、喪服圖、書信規格、應酬須知、喜喪節要、文武品級」，以河圖洛書圖爲例，是以地球略圖並置河圖洛書圖。以天文地輿解釋神話與地利。以歲時解釋寒暑代遷，以君臣說明上下之德，以五倫之理闡人事。飲食、居室、器用、婚喪皆有禮。此書代表著清朝知識份子概略式的地球觀，以及皇朝爲中心的輿地志，收錄各式禮貼、書信規格、神主格式等，以書寫者身分，詳列若干對等稱謂，實用且合禮數。和現今坊間仍流傳的《農民曆》部份內容相同。

4. 《二十四孝》：《二十四孝》通文是以四字完成一通俗孝順父母的故事。大都無提及姓氏，只將孝順之行徑寫出，如「親嘗湯藥」，說明漢文帝侍奉病母之孝。如「乳姑不怠」，是唐朝崔南山的唐夫人將其乳天天給婆婆吃的故事。如「單衣順母」，說明閔子騫順後母之心的故事。大致故事情節以孝順父母爲出發點，無論皇親、平民男女有孝行者均入傳裡，現今來看孝行並非近人情，如臥冰、偷橘、嚐糞、哭筍等，透過書房教育的傳承，仍爲一般民眾所認同的道德標準。

5. 「朱子治家格言」：是漢唐公所膺的信仰，也是他書寫「百字銘」傳後代子孫的緣由。首段以黎明早起灑掃應對的本份說起，再言儉約以自持，見富貴、見貧窮不可移的胸懷，續論家中童僕、妻妾的守份，子孫須讀經書，祭祖以誠的看法。和鄰里相處之道，有幸爲官心中要有國家，末段提及「安份守己，順時聽天，爲人若此，庶乎近焉。」，「百字銘」主要是言修身，期望子孫守分儉樸，認爲柔弱之性勝過剛強，不致招禍。末段才提及「衙門休出入，鄉黨要和諧，安分身無辱，防非口莫開，世人存一念，災退福星來。」有相通之義理。

6. 《千字文》、《三千字文》[250]：「千字文」原來並不是成書，而是將散落之千餘字保存下來，編成有協韻的四字成句，使之有涵義，朗朗上口並容易記住[251]。

[249] 坊間《幼學瓊林》版本眾多，本文採用清・程允升、石秉楠輯，《幼學瓊林》，（臺北：老古文化，1984）的版本。
[250] 坊間版本甚多，此文選用曾永義校註，馮作民音註，《千字文・三千字文》（台北：永安，1980）版本。
[251] 楊加深，《北宋書法教育研究》（北京：中華書局，2017），頁 57-61。及參考許靜，《傳承與創造-論

它是幼學識字、寫字及啓蒙的讀物。文義相合於「朱子治家格言」及《三字經》等訓蒙經典，民間私塾常配合著釋義。內容傳以「天地玄黃之初，宇宙洪荒。日月盈昃，辰宿列張……始制文字，」先說天象、地法之道，才言及人事推位讓國之謙讓美德，女子必須效慕貞烈，男子則效仿良才，大有《繫辭上傳》中所言：「乾以易知，坤以簡能。」的道理。復言順節令行農事，秋收冬藏，貫通神明之德便是類萬物之情，強調「治本於農，務茲稼穡。」除儒教外，尚有《易經》的玄理在內。

《三千字文》仍是四字成句，以簡明之語，將類似字句排列，內文不出「千字文」的範疇。如「河海江湖，漢湘藪澤。」、「燈綵畫屏，几筵凳桌。」，細分名詞及稱謂的用法，指象為名或者指物為名。並且姓氏諱名、嫁娶婚姻都須券符票押，告其稱謂及緣由，附貼憑據。祭祀或者問診有一定的禮數。文章尾句則言「已甚弗為，詣臻至極。」是說若通此文細言，國學知識大致完備的意思。

（五）、林漢唐書房教育的概說

林漢唐的私塾教育在整個時代變遷上具有如下之特色：

（1）從教育制度的變遷來看它的角色轉換

在這部分包含了清末以前科舉考試下的傳統定位，以及《馬關條約》後臺灣割讓給日本，轉換成新式教育體系的尷尬處境。傳統以來書房教育存在的原因是科舉制度的公平性，人人得以可取功名，晉身官途或仕途，改善家裡的經濟或增添個人和家族的榮耀，由於學習場所之不足，書房教育成了平民現成且便捷求取知識的管道。1895 年日本來臺施政，科舉制度宣告結束，取代日本新式教育的體系。書房教育教授漢文經典書籍，日本視為在臺灣統治的障礙，透過管制書房制度的建立、書房教本的選定、公學校的建立，公學校日文書法的課程加設，欲逐步取代漢文書法，進一步希望書房教育的消失。實際上，書房教育仍舊延續，除了漢文是日常使用文字理由外，也反映在「祖國」的認同上，日本當局所建的新式學校，臺籍學生受到歧視、限制，入學者不多。並且在第一次世界大戰後全球的民族自決風影響下，書房教育兼負中興文化之責再度勃興，並且在「白話文運動」下，培養出新式的書房教師，其中不乏師範學校尚為分發的畢業生，書房成了新式教師過渡的行業。

書法史上的千字文現象》（南京：南京藝術學院碩士論文，2008），頁 15。表格內統計蕭子云到清代，歷代書寫千字文約 239 件以上。

臺灣光復後，1950 年以前國民教育尚未落實，書房成為體制外加強補習的場所。如埔心三元宮旁棺材店主（與林彰揚同學），完成了國民教育，自己的名字仍不會寫，投至漢唐公書房，才學會書寫自己名字。隨著國民教育的日益健全，學生逐漸進入國民義務教育，書房教育逐漸沒落。

書房教育始終不曾納入正式教育體系。但它在時代轉換的關鍵時刻，都扮演著重要的角色。使得廣大的群眾得以學習儒家經典，學得為人處事之責。它的彈性學習空間，使得它在政治改朝換代的情況下得以延續教育。

(2) 整合傳統知識結構與新式教育系統

日本治臺新式教育系統，表面上是普及的義務教育，實際上入學條件的限制，形成等級的觀念，一方面治臺政策又希望臺灣人具有國民（公民）意識[252]。所謂公民意識是具有國家的觀念、有法制的觀念、社會經濟制度的健全所組成的個體意識，這卻是在臺灣受傳統知識教育知識份子，無法提供改造甲午戰爭後臺灣社會劇變的良方，日本挾著明治維新的向西方學習的盛勢來臺，除意識到「次國民」的地位外，也接收到日本咀嚼過的西方文化及教育模式。在一波波新文化運動與改造的環境下，漢學經典成了「次國民」少數知識份子安身立命的依歸。

美國社會學家梭羅金提出了社會流動的學說，由此觀點來看，私塾教師提高了識字的比率，將傳統農業社會推進文明及延續傳統文化的方向。「開民智」的普遍觀點由私塾教育體系完成，清朝以前當權者少有人重視這體制的健全與否，而將它視為考科舉制度前的準備教育，直到臺灣割讓給日本後，日本當局才發現它是一股安定民心的力量，它也是舊時代遺留下來的莫大的民族包袱，和明治維新仿傚西方文明的精神有著鴻溝。它是無法禁止的，只好協助改良或者轉型。

從它的正面意義來說，它保有的傳統文化和觀念，在臺灣幾度易主統治，都能保有自我的信仰，及若干程度的覺醒，誠如漢唐公之言，日本人來臺，帶來了衛生的觀念及治安的良好，這是務實的人生觀。後期的書房被禁，在鄉村實行的並不徹底，於是漢文教學苟且延續。這是不忘本的教育精神。在開放又傳統的知識份子兼私塾教師身分下，漢唐公比一般大眾容易覺醒及務實，這點往往和客家人的性格相近。

(3) 它是設於農村或街坊民辦之分等學校

---

[252] 間島三二編著，〈學生にめ公民意識を徹底せしめよ〉《新聞人の見にろ臺灣》（臺北：臺灣經濟公論社版，昭和 6 年(1931)），頁 281。

　　民學是官學外的學習場所，官學提供少數菁英進德修業、官職保障優沃的經濟生活，反觀民學，沒有一定的制度，滿足大眾求知的場所，只有少數上進者得以鄉試的機會，進入官學體系和改變家族威望及經濟生活。由於沒有一定的制度，只有約定成俗的教學方式，以致於招生名額、學費、地點均無限制，甚至配合農耕、農曆的節慶來彈性放假或提早放課，充滿人情的師生關係。年間節慶、教師生日等都成為師生往來交誼的機會。私塾教師更成為庄裡的文書，紛爭調解者。不識字，是農業社會無暇識字的遺憾，更加突顯出知識份子在鄉村裡扮演的重要角色。

　　書房老師是當地的知識份子，並非國家教育制度下的正式教員，也不是政府聘任的村里長，書房教師所攬之事通常是上述工作兩者合之。這是受地方人士尊敬的緣由，如漢唐公去世時，許多學生如喪考妣般，邊哭邊爬至靈前，後代子孫記憶猶深，非正式教學場所下，師生情感往往如父子之情誼，當時鄉村的人們，往往一生只跟從隨一師，習得做人處世之德，這可以解釋師生之間的深厚情誼，漢唐公去世十年後，街坊人們仍能記得並相傳漢唐公的聲望。

　　書房純然是民間自發向學的私人學習場所。政府並無實行監督或管理之責。隨著戰後工商業時代的來臨，漢文的讀寫，並不足用於美援時期的邁向國際的社會，也不足用於五育並重的教育體系，多元的學習管道和白話文體，逐漸取代了漢文為主導的私塾。舊式的尺牘體例逐漸淘汰，儒家經典經今人重新詮釋，以期適用於現今社會，然而清末延續以來私塾的教育，終究在漢唐公辭世之後劃下了句點。

附錄一、林桂英追憶祖父林漢唐

　　林漢唐是我的祖父，一輩子以教私塾爲業，早年爲養家糊口還曾遠赴楊梅高山頂去教學，因交通不便住宿在外，加上學生繳交的學費低廉，他必須省吃儉用，才能資助家中經濟。自我懂事以來，他就在楊梅埔心頭重溪 45 號自宅兼開學堂，學生大都是小學畢業未有升學者，遇有家貧者，往往免學費，以學堂打雜來抵學費。那是臺灣光復後那個年代我記憶的事。私塾，提供了鄉里的人們繼續進修的管道。

　　漢唐公在鄉里間是位受人尊敬的長者，平時謹言愼行，鄰人或族人一旦有爭執時，都會找他協調，當時爭執次數最多的，莫過於農田的水源問題，每逢乾旱大家便苦於無收成，常爲搶溪水灌漑農田而發生衝突或是打鬥。水源，代表著一個家庭的生計，直到 1960 年石門水圳完成後，農人不再靠天吃飯，爲爭水源的不和事件，因而逐漸平息。

　　漢唐公侍母至孝，4 歲喪父，其母（黃喜妹）在大家族裡常受族人欺負，每每抱著年幼的他哭泣，年幼的他看在眼裡十分不捨，於是立志苦讀，終以教私塾爲終生志業。

　　壯年時漢唐公不幸喪偶，未再續弦，他全心幫忙照顧孫子女，吾母多產共生 9 名子女，吾母是典型的客家婦女，終日忙於家中農事，無暇照顧 9 名子女，每逢吾母生產做月子，次幼的小孩則交由祖父照顧，晚上並由祖父伴睡，照顧至我們進入小學。他總是很有耐心地照顧這一群孫子女，我們就讀小學時，每天晚上他都會爲我們削鉛筆，準備好次日學校要使用的文具。我們姐妹中倘若有人生病，他會徹夜查看中藥書籍，抄下處方箋，次日步行至街上中藥店抓藥，回家熬煮成湯藥給我們服用，記得他給我們服用的感冒藥最爲有效。父親因忙於事業，對我們的關心很少，幸有祖父滿滿的愛，使我們家充滿溫馨。

　　小女嘉陵是我母親養大的，常聽我敍述我祖父的往事，頗有所感，於是搜羅資料爲我的祖父漢唐公、母親林曾二妹寫書，撰寫期間，感謝家族大家的幫忙，我大弟林彰揚把殘存的照片及讀書時祖父寄給他的書信悉全提供，此書內容大都來自吾母林曾二妹等家人口述，吾母爲民國五年（1916）出生，晚年偶有失憶，她老人家中終究沒來到民國百年。漢唐公於民國 57 年（1968）春往生，當時嘉陵四月大，雖然他們離開多年，我們對他們的懷念絲毫沒有減少。

附錄二、林彥芬頭重溪老屋記事

　　阿婆（林曾二妹）家有一隻上年紀的大蟾蜍，每到晚上七點多，牠就會從小洞跳出，沿著牆角，從老穀倉到客廳再跳上臺階往灶腳去，牠長得不可怕，土黃色帶有疙突起的皮膚，老一輩人對蟾蜍不趕不打不驅逐，童年的我一度幻想牠可能是千年老蟾蜍精，可惜的是老家三合院賣了，老蟾蜍也不知下落。阿婆家有芭樂樹及荔枝樹位在稻程的右邊，芭樂樹褐色的樹皮被孩子們攀爬得光滑，清晨起床後在廚房灶腳天井邊，用著自動打上來的井水，自大甕中勺起一瓢清澈井水，倒入水盆內洗臉，刷牙。梳洗完畢後，孩子們坐在大圓桌吃上阿婆煮食的絲瓜麵線或稀飯，配上乾炒酸菜配上土豆，一大絕配。早餐常是自宅菜園摘取下的絲瓜煮上一子麵線，那樣的滋味，小孩時期已經吃膩，長大卻反而念念不忘的好滋味。午餐晚餐，較為豐盛，有時是一條紅燒吳郭魚，客家爌肉，炒空心菜或是地瓜葉已是不可或缺。菜圃蛋，再搭上一鍋的客家酸菜三層肉湯，逢年過節還有自家養的雞鴨拜完神明後剁成一盤白斬雞或是鴨肉，蘸料一定有桔醬配味全醬油或是九層塔加醬油。芋頭根莖常用豆瓣醬煮成稠稠的一鍋加點醋，配飯超好味，家中的狗貓兒就將吃剩的肉汁湯配上飯淋一碗，常常也是吃的津津有味。

　　吃完了早餐，這時候就是孩子們騎著腳踏車開始去外面冒險的時候，大孩子帶著小孩子騎過河圳邊，來到洗衣的溪邊，開始抓蝦、抓小魚，捕撈到的小蝦小魚，回到家後用灶煮一鍋熱水，開始燙蝦燙魚，自己調味完畢就是一道小點心，我們熱衷玩著煮食，甚至用石塊加熱後放進葉子做的碗內，芋頭沒熟，堂姊食用一口立即吐出，並喊著不要吃呀……夕陽時分，我最喜歡爬上那棵芭樂樹，天空中的彩雲，眼前一片稻田、鐵軌，時常有火車北上南下往來，兒時常想何時搭上那班火車？國中畢業後南下新竹念書，周末是我搭著普通車返家，看著車窗外老屋，回顧兒時玩耍的曬穀場。而老屋已不復見。

　　每次回阿婆家，最喜歡的就是傍晚時分準備燒水，生火，也就是將舊報紙塞在乾稻草堆，畫一支火柴點火後投入灶口，再用實鐵製成的鐵夾將生火的材料送到內層，再塞入一兩捆乾樹枝，火就熊熊升起，最後投入兩根龍眼木，等燒得通紅，大灶上的鍋內水也沸騰了起來，此時已到洗澡時刻，大人分的一桶半熱水，小孩則是一桶熱水，自行拉到廚房邊的洗澡間，洗澡間的門是人家廢料的鐵片搭成的門，門下還留有一大裂縫，我們常是從縫中看裡面到底有沒有人在裏頭。當我大一點後就是自行拉著一桶熱水到洗澡間，轉開水龍頭，一勺熱水一勺冷井水混合著洗澡，那

個年代沒有沐浴乳，就是香皂，一瓢水，一條毛巾，洗著洗著，水溝中還跑來外面的小生物，褐色的蛙類，噗通一聲也跟著跳進桶內，鄉下孩子就是看著蛙類長大，當年的洗澡步驟還有 sop 流程，最後沖水時要留一些熱水在桶內，肩頭上披著毛巾，最後將那桶水從頭淋下。再將毛巾擰乾擦乾身體才完成。

在一個炎熱的夏天午後，老屋內阿婆看著我無聊，帶著小女孩上到後屋的一片竹林後方的樹叢內，裡面有些小孩認不得的植物，其中一株高高長長的，葉片散開著望天空打去。阿婆熟練的拿起鐮刀，刷一下割下好幾片帶著莖的蒲葉，之後帶到屋內將葉片用老剪刀修剪齊圓邊，再燒一鍋熱水將葉片置入燙好。稍微片刻後撈起，拿出從飼料袋蒐集下來的白棉線，穿上粗針，把剩料棉布剪成長邊，將其縫製在葉片的邊緣，細細縫上一圈後，葉片的半邊扇已縫齊。放置屋邊陰乾，待葉片乾後就成一只驅熱的扇子。扇起來還帶有青草香氣。

有一年，阿婆展開一連串費工地打粄製粄包/肉粽，從磨米，製作米漿，滴下的米漿到桶內，再用棉布過濾後，成為一團團的生粄，生粄放入大灶炊熟後在石搗內搗軟，這時候就像是麻糬般，有的放入木製的模具內，有的加入煮好的紅豆，還有紅砂糖熬製的糖水，就成為紅豆粄，黑糖粄，一個榻榻米的眠床上面放滿著發糕，紅粄，紅豆粄，黑糖粄。阿婆那次的大號召出動了所有子女，灶下一側掛著長竹竿，掛上一串串的肉粽，年前就是掛上一串串的香腸。家裡的老狗兒、老貓兒，小孩兒們常常望著那一長竹竿的年貨流著口水。爺爺（林維均）會升起一盆火爐，暖暖手，偶爾放上幾顆蕃薯、橘子，烤熟了即可食用，早上媽媽偶爾會考一片魷魚乾，剪成一片片裝在藥袋內讓我們帶去上學吃。簡單的食物，卻是濃濃家的味道。印象中回阿婆家，爸爸（林彰鎬）就是騎著野狼 125 摩托車，一臺摩托車載滿全家人，往阿婆家前進，騎到縱貫路上，沿著長長的柏油馬路迎風往前騎去，路邊轉角有一家小雜貨店，巷內再經過鐵軌，水圳邊左轉拐進小徑，兩邊都是竹林，風吹來滿是竹林的味道，路旁有座土地公小廟，周圍植上朱槿花叢，就是牠的天然圍牆，孩童的我們常常在土地公廟玩耍，採朱槿花的花蕊貼在鼻頭上，找朱槿的葉片當鈔票，一疊一疊的摘取好放口袋就像是暴發戶，再來就是找捲曲著的葉片，攤平後內有好多驚喜小蟲，有時候是小綠蟲，一條兩條。憑藉著膽量把蟲放在掌心，比誰的膽子大。土地公小廟後是池塘，那是阿公（林維均）請人挖的，早期放養很多金魚，泥鰍。池塘過後就看到蓮霧樹，經常果實纍纍。下坡右轉就看到迎賓的芭樂樹及荔枝樹。阿婆（林曾二妹）住在三合院二房這邊，阿公（林維均）則是住埔心車站傳統市場的中藥房，後來才知道這是爸爸（林彰鎬）建議買的。三合院的正門口有祖先牌位，早晚都上香。家門是木栓的門，關上門時門片一拉就拴上了，開門時只要左右邊一拉。左側廂房處左穀倉囤放米。那是黃土混著稻穀殼片砌成的牆面。牆邊的門口有

洞住有蟾蜍君。穀倉過去左側有一間雜物房，內有木床，堆放著各種舊農具。雜物房前有另一片對外木門。木門打開出去是堆放阿婆砍拾的柴堆，擴建一磚房，內有翻土機農具器具，中廊圈養雞鴨。左廂房右處是阿婆的房間，內有眠床，就是四四方方掛有蚊帳，睡覺前阿婆會拿著曬乾的竹草製成的草鞭，揮一揮床內把蚊蟲趕走。床底藏有一箱的黑松汽水，小孩的我們很覬覦那箱汽水。有時大人開一瓶給我們喝，大家拿著碗公一人一碗加上冰塊喝，不亦樂乎。正廳二房處是大伯的房間，內有很多的書信，還有舊清溪青年雜誌，大伯房門前木窗下放了一個舊的實木梳妝臺。供大家起床後到這邊梳理一番。廚房就在大伯房的隔壁，牆上供奉灶神，每天早晚必燒一支香。灶神的下方是堆放生活的草堆樹枝材火處，阿婆會熟練地綑成圈。大灶就在材火堆放處前方，大灶有兩灶，常用左邊灶，灶的前面有古早的碗櫥，碗櫥旁有一個大甕，上面有木蓋，那是打上來的井水儲存區，炒菜或煮洗澡水都是勺那甕內的水。大甕旁邊有磨石子的水槽，水槽前方是大窗臺，綠色的木窗，望外看出去是有水井及一片樹林。大圓桌就放在灶旁，圓桌側邊上方有樑柱，阿婆都會將黑糖，砂糖用竹籃子裝著，高高懸掛著，一來防螞蟻，二來防愛吃的小孩。圓桌的八點鐘方向有冰箱，內常塞滿豬肉，魚肉。六點鐘方向就是一長桌，那邊放有貓碗。資源回收的置放區，還有一長竹竿橫掛著，有時空著有時掛滿肉粽香腸等食材。回說到冰箱旁有一側門，過去就是燒雞鴨畜生飼料的小灶腳，有一個簡易的煮飼料的生火處，剩飯加上穀物加熱拌熟，香噴噴到我都想吃上一口了。廁所就在簡易生火區的旁邊，約三坪大小只有一個馬桶，旁有一木桶，有時大人尿在木桶內在把尿肥拿去澆菜當肥料。那區對外的門有兩處一處往後院，一處往中廊，從簡易生火區在往後面走，就是叔叔的房間，以及隔壁一間給較大的小孩子睡覺的地方，叔叔的房間內有一張大月曆，不知道是哪個歌影星，只知道是個資深的早期的紅星，每晚阿婆都要前前後後，顧到這四到五扇門關好，以前的床是榻榻米，冬天時上面在鋪上一床墊被，就是最好的床墊了。想想阿婆家共有四至五間房，除了阿婆以及大伯的房間以外，其他都是大通鋪，所以每年寒暑假，表兄弟姊妹，堂姐弟回來就是大家睡在通鋪上，好不熱鬧乎。屋後的竹林有一大片，在三合院的正前方看過去，會有藍天白雲，還有綠色一片的竹林隨著風左右搖擺，走到三合院的後面，有一口水井，上面有厚石片覆蓋於上，井水已經靠電動的抽水機抽水，水井周邊小石塊圍成一個小空間，石塊邊種有石蒜花，有白色有粉紅色，還有一株白色山茶花，七夕節時，阿婆會剪下白色山茶花供俸在神桌上。記憶中的父親（林彰鎬），嚴肅不苟言笑，通常在一旁看書，我們家四個孩子反而是與爺爺的互動較多。也許他將過去來不對子女的愛轉移到我們孫子女身上。父親跌倒往生的憾事，若他再多十年，我們也許沒那麼遺憾。

後記－鄉關何處

　　學者薩伊德（Edward W.Said）是我很喜歡的一位文化批評家及比較文學的學者。他所寫的《鄉關何處》[253]是一部自我頗析深刻的回憶錄，1935 年薩依德誕生於耶路撒冷，少年時期在開羅與黎巴嫩輾轉不安地渡過。薩依德以阿拉伯人又是基督徒，巴勒斯坦人又是美國公民的身分，自然而然時常以有距離的「局外人」觀看自己的定位，始終不確定自己的第一語是阿拉伯語或是英語？無論薩伊德置身於何處，都有格格不入的尷尬感受。他的《東方主義》[254]（Orientialism）、《文化與帝國主義》[255]（Culture and Imperialism）是學術界的巨擘，同時他也是歌劇學者、鋼琴家的身分。

　　《文化帝國主義》（Cultural Imperialism）可以由經濟與政治的立場來看。經濟的觀點，為帝國的文化商品掠取其經濟市場，政治上則是通過改造來建立起霸權。強勢／弱勢、主導／邊緣、主動／被動，以認知的零碎觀點與定位的不確定性，涉及了關鍵的環節。看起來似乎有些荒謬，當我以這來檢視自身文化的信仰時，帶有符號文化介質的產品，擴張其政治意義上的強權，進而達到全球性的文化支配。這些觀點很容易產生共鳴，源自於人仰望所無法到達的境界，或是處境相同的價值認同。

　　在這篇後記裡，我借用薩伊德的傳記式回憶錄《鄉關何處》書名，思索人之所以與眾不同，有許多線索。這位後殖民主義的學者提醒我們：殖民的霸權、話語與知識的生產，是無法切割的。他又再指出：西方對中東與東方的印象是建立在錯誤的理解與虛幻中。同此理的一些學者有意識地為自己國家文化建造虛妄的金字塔，透過論述與理論的妄為。可以參考薩伊德的《東方主義》一書內容。

　　追尋身分認同的人，是無法逃離薩伊德的觀點。如果《東方主義》是一個軀殼的骨架，那麼《鄉關何處》便是他的血與肉。父親是美籍巴勒斯坦人，母親也是巴勒斯坦的基督教徒，嚴格的家庭教育，嚴厲的父親、溫柔的母親，難民的處境……他的筆下，看到一個悲觀又真實的平凡人。薩伊德在英占領區接受英式教育，之後念過教會學校，再來念美國哈佛大學碩士與博士。他成長於巴勒斯坦與開羅兩地，接受不同的教育環境，對於「故鄉」二字無法一語道之。在這模糊的國族／種群認

---

[253] 薩伊德(EdwardW. Said)，彭懷棟譯，《鄉關何處：薩伊德回憶錄》（臺北：立緒，2000）。
[254] 薩伊德(Edward W. Said)，王志弘等譯，《東方主義》（臺北：立緒，2022）。
[255] 薩伊德(Edward W. Said)，蔡源林譯，《文化與帝國主義》（臺北：立緒，2000）。

同，逐漸產出自己的學派。當然，反對他的學術力道也不少，我覺得他在學術非常的精闢。呼應前言，因為那是一個我所仰望，自己卻無法到達的境界。

　　同時我也很喜歡藝評家約翰・伯格（John Berger）的書。因為他連圖像、文字敘述與編排都是思想體。約翰・伯格的書《觀看的方式》（Ways of Seeing）在我的書架上有繁體版、簡體版也有英文版。他強調「形式」和「論點」兩者同樣重要，「我們注視的從來不只是事物本身，我們注視的永遠是事物與我們之間的關係。」、「你所看到的世界，取決於當時你所置身的位置」。提醒我們如何觀看繪畫？觀照畫面與敘述的關係。全書以章節為次序，但讀者可以以任何順序切入自行閱讀。其中四章是文字和圖像相輔而成，三章只有圖像。為何如此認同他的美學風格與文學式文字？因為那是一個產生共鳴的音箱，約翰・伯格不只是文化藝術評論家，也是作家、詩人、劇作家，文字的迴響是誘發你想成為更細緻精神層面的自己，即使他的論述與編排是如此個人化風格，卻能打動許多人心。在我的書裡不自覺地以約翰・伯格為理論，進行文本的建構。似乎不是每位學者都能認同他的學術份量，給與他客觀的評價。然，我寫我認同的。這就是人存在的理由之一。

　　過去的每一半年，我駕駛的車會開回原廠保養，25歲開車至今，幾乎使用日系廠牌的車。無論車齡多大，習慣回原廠保養。這是長年對品牌認同的信賴感，相信品牌文化。由於保養廠不遠，走路過去，看了保養好的車況並不滿意，我再次留車，等原廠將車子保養到顧客滿意為止。

　　那是一個近晚的天空，走回家的路上烏雲很沉，我凝視著遠方，在想任何事物都有品牌，那人的品牌來自哪裡？為什麼每個人是獨一無二，無法被取代？為甚麼客家作家鍾理和的次子過世，三子的出世仍舊無法彌補他失子的傷痛？化為筆下一篇篇追憶與懺悔的短篇。借由薩伊德的觀點，我察覺到客家人的身分，給我很多的養分，同時也接受到很多對客家人的刻板印象與習見。我是不是客家人？對我重要嗎？女性是以丈夫的故鄉為故鄉？還是以原生家庭為故鄉？一胎化政策時期的中國，產生許多獨生子女，他們在結婚後各自返回各自的家過年，無形中瓦解傳統女性依附於丈夫的存在價值，過年是傳統意義「團圓」的象徵。當臺灣還沒有藝術相關博士學位時。我便跨領域到史學研究所念博士學位。很長一段時間，藝術與史學的跨界，如同薩伊德在開羅與巴勒斯坦身分認同上的掙扎。我明白他的處境。

　　人的品牌建立在個體無法被取代的價值上，隨著年齡漸增，想問的是：有沒有可能我們拿25歲時對車廠的服務品質好來認定今日車廠的品質也很好？25歲時遇見的戀人，在25年後會是一樣的心情嗎？如果失望於事物的改變，應該如何看待25歲時無法被取代的美好？不是當時戀人送的花真美，也不是人的外型的美好決定

了情感的深度。如今回想起來的是當下的溫暖感受無法取代吧！因為血液的流動，每個人活的都有溫度。溫暖不從那裡來，從點滴的細節與默契而來。雙方都記得，如此造就了彼此認知的品牌價值。

50年前寄居於外婆家的我，將要進入小學就讀，祖母到外婆家搶回孫女。這幾天回想起依稀有印象。因為我匆忙離開外婆家，隔日舅舅送回我的衣物到祖父家。祖母說我是吳家子孫，為何要住外婆家，不肯回祖父家？歸因也是溫暖的溫度。吳家是大家族，一向重男輕女。我們三姐妹的名字都是母親做月子時，自己翻字典取的，母親多渴望為吳家添丁。我這代族譜上是「家」字輩。母親以「嘉」字期許，我記得弟弟出生時，白髮略駝的阿公，慎重地寫下：吳家歡。後來，父親重新自己取名。

如果客家是母系社會，那母系身分的認同是來自於丈夫的給予。客家女性邊緣性地位，以及不能割捨的風俗習慣與家族責任，讓我對客家女性有著無限的同情。母親的家族因為家中設私塾，子孫無論男女都受教育，念到自己不想念為止。大舅便是臺灣60年代第一批留學美國的留學生。男女皆受教育的觀念，讓我覺得我做為人更有意義。位高權重的祖父疼愛幼小的孫子輩，當我們念到國中或高中，他便很少理會我們。高中時放學在街上偶遇祖父，很高興地喊他一聲「阿公！」，專心走路的他抬起頭看了我一眼，然後面無表情地繼續往前走。那天回家，告訴了母親這件事，我忘了母親的反應。然，每每遇到何處是鄉關的情結時，我姓吳。但是我的美好回憶都是林家。

參考文獻：

◎文建會編，《客家文化研討會論文集》，臺北：文化建設委員會，1993。

◎汪知亭，《臺灣教育史料新編》，臺北：臺灣商務，1978。

◎吳密察、吳瑞雲編譯，《臺灣民報社論》，臺北：稻鄉，1992。

◎吳嘉陵，《紙的文化產業與體驗加值》，高雄：麗文，2014。

◎＿＿＿＿，《流動的視覺記憶》，臺北：秀威，2010。

◎＿＿＿＿、吳嘉梓，《走過時代的典範：客家私塾教師林漢唐之研究》，臺北：秀威，2008。

◎房學嘉，《客家源流探奧》，臺北：武陵，1996。

◎周浩治總編纂，《新竹縣志續修》，竹北：新竹縣政府，2008。

◎（清）程允升、石秉楠輯，《幼學瓊林》，臺北：老古文化，1984。

◎曾永義校註，馮作民音註，《千字文·三千字文》，臺北：永安，1980。

◎許靜，《傳承與創造-論書法史上的千字文現象》，南京：南京藝術學院碩士論文，2008。

◎朱自清，子愷漫畫代序，《朱自清散文》北京：三辰影庫音像，2003。

◎朱柏廬，女宜張氏編譯，《朱子家訓》，上海：明善書局，1943。

◎李建緯，《入木的刻刀：重要鑿花技術保存者李秉圭》，臺中：文化部文化資產局，2017。

◎花松村編撰，《臺灣鄉土全誌》，臺北：中一，1996。

◎客委會編，《第 3 屆桐花文學獎》，臺北：客家委員會，2013。

◎＿＿＿＿，《第 5 屆桐花文學獎》，臺北：客家委員會，2015。

◎郭薰楓等，《桃園縣誌》，卷五，文教志，桃園：桃園縣政府，1950。

◎郭潔明編，《三字經精解》，臺北：宏業書局，1976。

◎曼素恩（Susan Mann），《蘭閨寶錄》，臺北：左岸文化，2005。

◎簡榮聰，《臺灣客家農村生活與農具》，臺北：臺灣史蹟研究中心，1991。

◎孫連成，〈有關清代臺灣義民研究探析〉，《歷史教育》，第 16 期，2010 年 6 月。

◎黃俊傑，《戰後臺灣的教育與思想》，臺北：東大圖書，1993。

◎黃釗，《石窟一徵》，第 5 卷，臺北：臺灣學生書局，1970。

◎陳正祥，《臺灣地誌》，臺北：南天書局，1993。

◎陳運棟，《客家人》，臺北：東門，1991。

◎陳紹馨，《臺灣的人口變遷和社會變遷》，臺北：聯經，1979。

◎陳壽祺，《福建通志》，卷 3，臺北：京華，1968。

◎陸平舟譯，《舊殖民地文學的研究》，臺北：人間，2004。

◎莊金德，《清代臺灣教育史料彙編》，臺中：臺灣省文獻會，1973。

◎施添福，《清代在臺灣人的祖籍分佈和原鄉生活方式》，臺北：師範大學地理系，1987。

◎施沛生，《中國民事習慣大全》，上海：上海書店，2002。

◎新竹市政府撰，《新竹市志》，第五卷，文教志，新竹：新竹市政府，1996。
◎溫仲和，《嘉應州志‧水利篇》，臺北：臺灣客家書坊，2013。
◎桃園文獻委員會編，《桃園縣志》第五卷，文教志，桃園：桃園縣文獻委員會，1967。
◎楊加深，《北宋書法教育研究》，北京：中華書局，1988。
◎楊梅國中編輯委員會，《楊梅國中創校 50 週年特刊》，桃園：楊梅國中，1999。
◎楊梅鎮志編纂小組編輯，《楊梅鎮志》，桃園：楊梅區公所，1990。
◎（宋）葉夢得，《避暑錄話》下卷，北京：中華書局，1985。
◎魯迅，《吶喊‧朝花夕拾》，北京：作家出版，2007。
◎賴玉玲，《褒忠亭義民爺信仰與地方社會發展：以楊梅聯庄為例》，新竹：新竹縣文化局，
2005。
◎劉寧顏總重纂，《重修臺灣省通志》，南投：臺灣省文獻委員會，1993。
◎劉學穎，《臺灣色彩幻覺研究》，臺北：南天書局，2010。
◎劉鈞章，《苗栗客家山歌賞析》，苗栗：苗栗文化，1997。
◎劉克智，蔡青龍譯，《臺灣人口成長與經濟發展》，臺北：聯經，1979。
◎鍾肇政編，《臺灣文學全集》，臺北：遠景，1981。
◎鍾罩城、徐正光等，《客家文化論叢》，臺北：文化總會，1994。
◎臺灣省文獻委員會，《桃園縣鄉土史料》，耆老口述歷史（13），臺中：臺灣省文獻委員會，
1996。
◎_____，林熊祥主修，黃旺成纂修，《臺灣省通志稿‧教育志》，臺北：成文，1950。
◎臺灣總督府編，《臨時臺灣舊慣調查會》，東京：東洋印刷株式會社，明治 44 年（1911）。
◎臺北市立文獻委員會，《臺北文獻》，第 106 期，臺北：臺北文獻，1993。
◎戴炎輝，《清代臺灣之鄉治》，臺北：聯經，1979。
◎劉國光等，《長汀縣志》，第 30 卷，臺北：成文書局，1968。
◎國史館編，《中華民國社會志》，上冊，臺北：國史館，1998。
◎薩伊德（Edward W.Said），彭懷棟譯，《鄉關何處：薩伊德回憶錄》，臺北：立緒，2000。
◎_____，王志弘等譯，《東方主義》，臺北：立緒，2022。
◎_____，蔡源林譯，《文化與帝國主義》，臺北：立緒，2000。

族譜及其他手抄本：

◎吳明光編，《吳氏族譜》，1988 年 3 月出版（1985 年初版）。
◎吳阿賢抄錄，〈客家山歌〉歌詞，無頁數，約 1940-50 年。
◎林彰鎬存，《林家族譜》手抄本。
◎_____存，〈林家家族分家協議文書〉。

◎林彰偉存，《林氏族譜》，桃園：桃園市榮煥公派下裔孫印行，2006。
◎林桂英，〈給林曾二妹的悼念文〉，2010 年 5 月 4 日。
◎劉邦森存，《劉氏族譜》手抄本。

訪問記錄：

◎訪問吳和光，「關於吳家童養媳的事蹟」，2012 年 6 月 24 日。
◎訪問林桂英，「關於林曾二妹的童年事跡」，2013 年 2 月 27 日。
◎訪問_____，「關於母親林曾二妹的記事」，2012 年 2 月 7 日。
◎訪問_____，「關於日治時期到戰後客家庄的記事」，2021 年 12 月 5 日。
◎訪問_____，「關於黃喜妹過丁粄節的情形」，2012 年 2 月 25 日。
◎訪問_____，「林家姻親」，2022 年 2 月 1 日。
◎訪問_____，「茶園裡採茶的往事」，2013 年 9 月 14 日。
◎訪問_____，「關於黃完妹過世的記事」，2022 年 2 月 5 日。
◎訪問林彰揚，「漢唐公對白話文的立場」，2008 年 5 月 20 日。
◎訪問_____，「漢唐公經商的事蹟」，2008 年 5 月 20 日。
◎訪問_____，「林維均當保正的事蹟」，2005 年 5 月 25 日。
◎訪問_____，「關於漢唐公幼年的事蹟」，2005 年 5 月 25 日。
◎訪問_____，「有關漢唐公生平及對家族鄰里的影響」2001 年 5 月 25 日。
◎訪問林彰偉，「關於漢唐公母親黃喜妹的事蹟」，2005 年 1 月 5 日。
◎訪問林彰揚、林彰偉，「漢唐公由義民會申請二甲地」，2007 年 10 月 28 日。
◎訪問_____、_____，「林漢唐的教育觀」，2005 年 10 月 28 日。
◎訪問鄧文雄，「關於廩生鄧林鳳的生平」，2005 年 2 月 2 日。
◎訪問曾乾政，「戰後臺灣學習漢學的現象」，2004 年 3 月 21 日。
◎訪問_____，「關於楊梅地區書房教師之情形」，2004 年 4 月 2 日。
◎訪問張瑞森，「關於父親(鍾張阿強)成為贅婿的過程」，2012 年 2 月 23 日。
◎訪問劉陳愛珠，「關於日治時期養女的境遇」，2013 年 11 月 12 日。

書信紀錄：

◎吳明光，〈日治時期到戰後客家庄記事〉家書，2010 年 6 月 24 日。
◎_____，〈關於祖父吳阿（玉）賢一二事〉家書，2010 年 6 月 24 日。
◎林彰揚，〈日治時期到戰後客家庄裡洗衣記事〉家書，2012 年 4 月 15 日。
◎_____，〈關於庚賜公的記事〉家書，2012 年 12 月 25 日。

◎_____，〈關於清井人的記事〉家書，2012 年 2 月 25 日

◎_____，〈赤足記事〉家書，2012 年 3 月 25 日。

◎_____，〈60 年代留學前後故鄉記事〉家書，2010 年 12 月 25 日。

◎_____，〈平鎮區黃完妹婚配林漢唐舊事〉家書，2013 年 5 月 12 日。

◎_____，〈出遠門尋親記〉，家書，2014 年 6 月 1 日。

◎_____，〈投稿到《小學生》刊物的經驗〉家書，2013 年 5 月 20 日。

◎_____，〈赤足記事〉家書，2012 年 3 月 25 日。

◎_____，〈關於藥草的記事〉家書，2011 年 12 月 02 日。

◎_____，〈年輕罹癌的生命〉家書，2015 年 12 月 5 日。

◎_____，〈關於楊梅最後的仕紳記事〉家書，2011 年 11 月 25 日。

◎_____，〈一塊田產的價值〉家書，2013 年 5 月 20 日。

◎_____，〈初中的眾師像〉家書，2013 年 5 月 14 日。

◎_____，〈大學的眾師相〉家書，2013 年 5 月 28 日。

◎林彰揚存，漢唐公家書，1962 年 6 月 3 日。

◎_____存，漢唐公家書，1962 年 6 月 4 日。

◎_____存，漢唐公家書，1962 年 10 月 10 日。

◎_____存，漢唐公家書，1962 年 3 月 10 日。

◎_____存，漢唐公家書，1962 年 10 月 18 日。

◎_____存，漢唐公家書，約 1964 年。

網路資料：

◎張福醮，醫業免許證下附ノ件（1917），臺灣文獻館文獻檔案，來源識別號 2648 參見：
https：//memory.culture.tw/Home/Detail？Id=00002648b22&IndexCode=th

◎林漢立等，〈全立鬮分水田茶園房屋物業合約字〉，丁酉年（1947）九月地點安平鎮八角
塘尾、楊梅壢長岡嶺、老坑庄，國圖登錄號 2590723。資料來源：國家圖書館，臺灣記憶
https：//tm.ncl.edu.tw/

◎客家委員會網站〈楊梅故事園區動工‧發揚「第七堂課」精神〉https：
//www.hakka.gov.tw/Content/Content？NodeID=34&PageID=38149，檢閱日期：2022 年 7
月 4 日。

◎劉正剛、杜雲南，〈清代珠三角契約文書反映的婦女地位研究〉，《中國社會經濟史研究》
2013，第 4 期。

http：//iqh.ruc.edu.cn/qdshsyj/xbyfn/d7df87577b33418797dd4ad8e44dfb11.htm。

◎新竹吳慶杰提供客語的分家書，
https：//www.facebook.com/photo？fbid=999328170087031&set=gm.1609204919322190
◎中山高速公路興建工程，參見 https：//zh.wikipedia.org/wiki/
◎客家雲 https：//cloud.hakka.gov.tw/details？p=75411
◎葉前錦，〈玉山衛生紙：戰後供應近乎全臺「衛生紙」的家族〉 http：//bankofculture.com/archives/2067。

外文資料：

◎中村哲，分類械鬥と復讎，《民俗臺灣》，第 4 卷，第 4 號，通卷第 34 號。
◎川原瑞源，油烹と熬油（下），《民俗臺灣》，第 3 卷，第 5 號，通卷第 23 號。
◎_____，灶に關し，《民俗臺灣》，第 3 卷，第 5 號，通卷第 23 號。
◎_____（王瑞成），〈長年菜〉，《民俗臺灣》，第 2 卷，第 1 號，通卷第 7 號。
◎立石鐵臣，〈洗濯風景（一）（二）〉，《民俗臺灣》，第 3 卷，第 6 號，通卷第 24 號。
◎_____，〈水牛〉，《民俗臺灣》，第 2 卷，第 6 號，通卷第 12 號。
◎朱鋒，臺南年中行事記（上），《民俗臺灣》第 2 卷，第 5 號，通卷第 11 號。
◎____，〈語言とあて字〉，《民俗臺灣》，第 3 卷，第 7 號，通卷第 25 號。
◎____，臺南年中行事記（上），《民俗臺灣》，第 2 卷，第 5 號，通卷第 11 號。
◎朱驕陽、三島格，〈廈門、漳州新年習俗〉，《民俗臺灣》，第 2 卷，第 1 號，通卷第 7 號。
◎江肖梅，〈書房〉，《民俗臺灣》，第 3 卷，第 8 號，通卷第 26 號，頁 23。
◎間島三二編著，《新聞人の見にろ臺灣》，臺北：臺灣經濟公論社版，昭和 6 年（1931））。
◎金關丈夫，〈竹椅子〉，《民俗臺灣》，第 3 卷，第 1 號，通卷第 19 號。
◎余氏李英，義民廟の粥，《民俗臺灣》，第 3 卷，第 4 號，通卷第 22 號。
◎西緣堂，寺廟遊記，《民俗臺灣》，第 2 卷，第 6 號，通卷第 12 號。
◎高山富夫，〈竹山採訪錄〉，《民俗臺灣》，第 3 卷，第 7 號，通卷第 25 號。
◎田井輝雄，〈雞肋集（六）〉，《民俗臺灣》，第 3 卷，第 4 號，通卷第 22 號。
◎_____，雞肋集續（二），《民俗臺灣》，第 3 卷，第 9 號，通卷第 27 號。
◎_____，〈媳婦仔雜考〉，《民俗臺灣》第 3 卷，第 11 號，通卷第 29 號。
◎松山虔三，〈水牛〉，《民俗臺灣》，第 4 卷，第 5 號，通卷第 35 號。
◎吳槐，〈新舊年末年始行事考（三）〉，《民俗臺灣》，第 2 卷，第 3 號，通卷第 9 號。
◎吳尊賢，〈北門郡地方に於ける俗信〉，《民俗臺灣》，第 2 卷，第 5 號，通卷第 11 號。
◎_____，〈婚姻習俗考〉，《民俗臺灣》第 3 卷，第 12 號，通卷第 30 號。
◎吳新榮，〈民間藥百種〉，《民俗臺灣》，第 3 卷，第 4 號，通卷第 22 號。
◎李氏杏花，〈萬華聞書〉，《民俗臺灣》，第 3 卷，第 8 號，通卷第 26 號。

◎李騰嶽等,《民俗臺灣》第 3 卷,第 12 號,通卷第 30 號。

◎海島洋人,五月節,《民俗臺灣》,第 3 卷,第 9 號,通卷第 27 號。

◎香坂順一,支那の民諺(一),《民俗臺灣》,第 4 卷,第 2 號,通卷第 32 號。

◎杜聰明,食物の發達ど改善,《民俗臺灣》,第 3 卷,第 7 號,通卷第 25 號。

◎黃連發,農村と子供,《民俗臺灣》,第 3 卷,第 10 號,通卷第 28 號。

◎陳紹馨,〈臺灣歌謠集第一輯書評〉《民俗臺灣》第 3 卷,第 7 號,通卷第 25 號。

◎陳保宗,〈臺南の音樂〉《民俗臺灣》第 2 卷,第 5 號,通卷第 11 號。

◎顏水龍,〈竹細工〉,《民俗臺灣》,第 3 卷,第 4 號,通卷第 22 號。

◎毓齋,〈稻江歲時諺〉,《民俗臺灣》,第 3 卷,第 10 號,通卷第 28 號。

◎謝永河,〈臺灣の民間藥(下)〉,《民俗臺灣》,第 3 卷,第 6 號,通卷第 24 號。

◎張山鐘,出嗣字,《民俗臺灣》,第 2 卷,第 2 號,通卷第 8 號。

◎須騰利一等,《民俗臺灣》第 3 卷,第 11 號,通卷第 29 號。

◎國分直一,臺灣農業の特色,《民俗臺灣》,第 4 卷,第 5 號,通卷第 35 號。

◎臺灣總督府所編,《臺灣總督府文官職員錄》,株式會社臺灣日日新報社,明治 44 年(1911)
5 月。

報紙資料:

◎江坤勘,〈桃園中壢／校園的老時光日式宿舍&聖蹟亭〉,《自由時報》,2013 年 7 月 19 日。

◎王琁琪,〈男女平等,黃氏宗祠重建特闢姑婆房〉,《中國時報》,2011 年 9 月 12 日。

◎焦桐,〈客家宴〉,《中時時報》,2015 年 6 月 5 日。

◎林明宏,〈田裡插柺杖,農民謝土地公〉,《自由時報》,2013 年 9 月 20 日。

◎林麒瑋,〈傳承 180 年義民祭指定重要民俗〉,《聯合報》,2015 年 9 月 2 日。

◎顏宏駿,〈中秋節、得道日,農民替土地公做柺杖〉,《自由時報》,2015 年 9 月 27 日。

◎韓尚平,〈臺灣之最／為了珍惜紙張才建造／聖蹟亭是最大的焚紙爐〉,《民生報》,1982
年 10 月 15 日。

◎翁禎霞,〈80 歲漢文老師‧兒時讀本傳家〉《聯合報》,2013 年 9 月 9 日。

◎〈鐵道沿岸自然景趣〉,《臺灣日日新報》,1923 年 4 月 27 日,漢版 5。

◎〈就公學的就學難〉《臺灣日報》臺中:臺灣日報社,1964。

國家圖書館出版品預行編目資料

客家物語：書房師與童養媳／吳嘉陵著. —初
版. —臺中市：樹人出版，2022.11
　　面；　公分
　ISBN 978-626-95964-7-8（平裝）
　1.CST: 客家　2.CST: 民族文化
　3.CST: 文化研究
　536.211　　　　　　　　　　111011919

客家物語：書房師與童養媳

作　　　者　吳嘉陵

校　　　對　吳嘉陵

發 行 人　張輝潭

出　　　版　樹人出版
　　　　　　412台中市大里區科技路1號8樓之2（台中軟體園區）
　　　　　　出版專線：（04）2496-5995　　傳真：（04）2496-9901

專案主編　陳婷婷

出版編印　林榮威、陳逸儒、黃麗穎、水邊、陳婷婷、李婕

設計創意　張禮南、何佳諠

經紀企劃　張輝潭、徐錦淳、廖書湘

經銷推廣　李莉吟、莊博亞、劉育姍、林政泓

行銷宣傳　黃姿虹、沈若瑜

營運管理　林金郎、曾千熏

經銷代理　白象文化事業有限公司
　　　　　　401台中市東區和平街228巷44號（經銷部）
　　　　　　購書專線：（04）2220-8589　　傳真：（04）2220-8505

印　　　刷　百通科技股份有限公司

初版一刷　2022 年 11 月

初版二刷　2023 年 08 月

定　　　價　350 元